EL ANTIGUO EGIPTO

historias de pirámides,
faraones y descubrimientos

EL ANTIGUO EGIPTO
historias de pirámides,
faraones y descubrimientos

Samuel C. A.

El Antiguo Egipto
Primera edición: mayo, 2025

© 2025, Samuel C. A.
El autor se ha reservado todos los derechos.

La publicación y distribución de esta obra corresponde al autor.
Contacte a los titulares del *copyright*.

Nota: El autor podría realizar citas cortas atribuyéndolas a quien crea que corresponde. En caso de que la fuente de dicha cita sea imprecisa, se atribuye a un «anónimo».
Además, ciertos recursos de diseño han sido utilizados en este producto respetando las licencias o términos y condiciones de uso (*Creative Commons*, en muchos casos) con o sin fines de lucro. Créditos a quien corresponda.

contacto@samueljohnbooks.com

ÍNDICE

Introducción 9
Menes: El unificador de Egipto 13
El ascenso de Zoser: la construcción de la primera pirámide . . 21
La construcción de la Gran Pirámide de Keops 29
Hatshepsut: la reina que se convirtió en faraón 37
Tutmosis III: El imperio del faraón guerrero 45
Tutankamón: El rey niño 53
Seti I: guerrero y restaurador 59
Ramsés II: El Gran Constructor 65
Cleopatra VII: La última faraona de Egipto 73
La campaña de Napoleón en Egipto 81
Descifrando el pasado: La piedra de Rosetta y Champollion . 89
Howard Carter y los secretos de la tumba de Tutankamón . . 97
Conclusión final 105
Curiosidades del Antiguo Egipto 111
Mini glosario para jóvenes exploradores 115
Línea del tiempo de los grandes personajes
del Antiguo Egipto incluidos en el libro 119
Preguntas para pensar o debatir 123
Referencias 127

INTRODUCCIÓN

Imagínate que estás en medio del desierto, bajo un enorme cielo azul, donde los cálidos rayos del sol caen sobre ti con su luz dorada. Frente a ti se alzan tres colosales pirámides que parecen llegar hasta el cielo. La Gran Pirámide de Guiza sobresale por encima de las demás, proyectando una enorme sombra que podría cubrir un pueblo entero. Mientras acaricias con tu mano sus piedras, allí colocadas desde hace siglos, un escalofrío recorre tu espalda y te preguntas: «¿Qué secretos guardarán estos bloques antiguos?». El viento te susurra al oído, como queriendo contarte historias tan antiguas como el tiempo. En algún lugar a lo lejos, el agua del río Nilo refleja los colores ardientes del sol al atardecer.

Egipto está lleno de misterios. Cada piedra tiene una

historia. Aquí siguen en pie grandes monumentos construidos por poderosos faraones, gobernantes que eran adorados como dioses. Has llegado a un lugar donde se mezclan la historia y la mitología, del que surgen historias de reyes poderosos, valientes exploradores y aventuras increíbles. ¿Estás listo para adentrarte en esta tierra de maravillas y misterios?

¡Vamos a comenzar nuestro emocionante viaje a través del tiempo! Esta aventura no consiste en aprender aburridas lecciones de historia. ¡No! Es un emocionante viaje, una serie de historias donde, en cada una, vivirás una aventura llena de emoción. Imagina presenciar el descubrimiento de la tumba de Tutankamón, donde los tesoros brillan bajo la luz de las antorchas antes de desaparecer en la oscuridad; o el reinado épico de Hatshepsut, la primera faraona de Egipto, quien desafió la tradición para gobernar con fuerza y sabiduría. Cada página te transportará a diferentes épocas y eventos extraordinarios que han dado forma a la historia de Egipto. No podrás conocerla toda, pues es complicado explicarla entera en un solo libro de este tipo, ¡pero conocerás algunos de los momentos históricos y personajes más importantes! Y, a través de cada relato, tú formarás parte de esas historias.

Estoy seguro de que tienes un héroe favorito. ¿Es así? Pues, al igual que él, los faraones y exploradores del Antiguo Egipto superaron grandes desafíos y descubrieron secretos increíbles que cambiaron el mundo para siempre. Se enfrentaron a peligros, corrieron aventuras, resolvieron misterios y cambiaron el curso de la historia. Con cada capítulo sentirás que eres tú quien explora los rincones ocultos de un reino perdido o descifra la misteriosa escritura del pasado lejano.

A medida que exploremos las maravillas de esta antigua civilización, vivirás aventuras que no solo te divertirán, sino que también enriquecerán tu mente. Cada historia te enseñará cosas importantes sobre el valor, cómo ser un buen líder y cómo las nuevas ideas pueden cambiar el mundo. Aprenderás cómo los antiguos egipcios construyeron sus impresionantes pirámides, crearon grandes ciudades y dejaron su huella en la historia. Estás a punto de entrar en una clase donde cada lección será emocionante y divertida—una clase que hará que el pasado cobre vida y estimule tu imaginación.

¡Así que prepárate para una aventura increíble, llena de diversión, sorpresas y mucho aprendizaje! Al final de este libro, habrás aprendido un montón de cosas interesantes sobre una de las civilizaciones más asombrosas del mundo: el Antiguo Egipto. Será como haber descubierto un cofre del tesoro lleno de conocimientos. Te gustará tanto que querrás seguir aprendiendo más misterios, y quién sabe, ¡tal vez llegar a convertirte en un gran explorador de la historia!

MENES:
EL UNIFICADOR DE EGIPTO

Al principio, Egipto estaba separado en dos reinos. Unirlos no fue nada fácil, pero Menes, también conocido como Narmer, estaba decidido a lograrlo. Las regiones del Alto y Bajo Egipto discutían como hermanos sobre quién tenía la mejor parte del río Nilo. Hasta que llegó Menes con un plan tan ingenioso que te dejará impresionado. La increíble historia de cómo unió estas tierras está tallada en piedra en la Paleta de Narmer, que ha sido un símbolo de unidad y poder para los faraones a lo largo de la historia. En este capítulo, vamos a descubrir los símbolos y relatos descritos en ella.

Prepárate para aprender cómo Menes, a través de inteligentes estrategias, logró transformar dos regiones rivales en un solo y poderoso reino. Desde matrimonios importantes y fuertes ejércitos hasta la unión de culturas y la mejora del gobierno, las astutas estrategias de Menes no solo unieron una nación, sino que prepararon el camino para miles de años de éxito. ¿Estás listo para descubrir cómo los antiguos egipcios se unieron gracias a Menes?

La Paleta de Narmer: un símbolo de unidad

Hace algún tiempo, en la tierra de las pirámides y las esfinges, fue descubierta una piedra muy especial llamada la Paleta de Narmer. Pero esta no era una piedra cualquiera: guardaba los secretos del antiguo Egipto y la historia de Menes, el legendario personaje que unió el Alto y Bajo Egipto en un solo y poderoso reino.

Tallada sobre su color gris verdoso, nos cuenta la historia de cómo Menes —también conocido como Narmer— logró su increíble hazaña hace más de 5.000 años. Para ello, debemos viajar hasta alrededor del año 3100 a. C. Por aquel entonces, Egipto estaba dividido en dos tierras, hasta que llegó Menes con intención de unirlas, como se muestra en la Paleta de Narmer. En sus grabados, podemos ver a Menes como un poderoso guerrero, usando las dos coronas tanto del Alto como del Bajo Egipto, como símbolo de que ahora los gobernaría a todos bajo un solo reino. La paleta es como una fotografía antigua que captura el momento en que Egipto se convirtió en una sola nación.

Ahora, observemos un poco mejor las fascinantes imágenes de la Paleta de Narmer. Imagina esto: Menes de pie, victorioso, sosteniendo un cetro, y bajo él, míticas criaturas llamadas «serpópardos» (parte serpiente, parte leopardo) entrelazando sus cuellos. Es la representación de una escena épica, mostrando el triunfo de Menes y la unión de dos culturas. Y, si nos fijamos detenidamente, podemos ver otros símbolos escondidos en estas misteriosas imágenes. Por ejemplo, la vaca sagrada —que representa fertilidad y fortaleza, valores muy importantes durante el reinado de Menes— o un toro, que simboliza el poder y representa al propio faraón aplastando a sus enemigos bajo sus patas. ¡Toda una escena llena de acción, ¿verdad?!

La Paleta de Narmer nos permite imaginarnos cómo

era la vida en aquella época, que significó el principio del período dinástico de Egipto, es decir, el período en el que gobernaron los faraones. Fue una época de grandes cambios y oportunidades. Los símbolos en la paleta nos ayudan a entender cómo los egipcios pasaron de estar divididos a ser un gran reino unificado, dejando atrás los conflictos entre comunidades para vivir en paz.

Otra de las características interesantes de la Paleta de Narmer es que influyó en el arte egipcio incluso mucho después de la época de Menes. Los faraones que vinieron después veían esas imágenes poderosas y pensaban: «¡Quiero una corona increíble como esa!». Las imágenes y símbolos de la paleta se convirtieron en un modelo a seguir, y los artistas se inspiraron en ella para crear su arte en las épocas que vinieron después. El estilo de la Paleta de Narmer se extendió por todo Egipto, desde enormes templos hasta joyas de oro, contando historias de reyes valientes y victorias en las batallas.

La paleta fue encontrada en 1897 por unos arqueólogos británicos en el templo de Horus en Nekhen, y representa algunos de los momentos históricos más antiguos que se han encontrado. Estas escenas muestran detalles de la vida y las victorias de Menes, dejando claro por qué está considerado el verdadero fundador del Egipto unificado. Su historia no murió con él, sino que siguió viva a través de generaciones, sirviendo de inspiración para los futuros gobernantes de Egipto.

Estrategias para la unificación

Menes era un líder muy astuto. Sabía que, para unir a los dos reinos, necesitaría algo más que fuerza. Recurrió a la diplomacia y primero buscó la paz a través del matrimonio. Menes era originario del Alto Egipto y se casó con una misteriosa mujer del Bajo Egipto llamada Neithhotep. No lo hizo por amor, sino como parte de un acuerdo de paz entre el Norte y el Sur. Sin espadas, sin amenazas, solo con su inteligencia, Menes formó nuevas alianzas que ayudaron a encontrar la paz entre los dos reinos.

Pero, como en toda aventura, hubo que enfrentarse a grandes desafíos. No todos estaban dispuestos a aceptar esta unión pacífica. Algunos se oponían a los planes de Menes, y aquí es donde nuestro héroe demostró que no solo era un líder inteligente, sino también un guerrero formidable. Formó un ejército y, gracias a su gran astucia, ideó estrategias para vencer a quienes se oponían. Con gran habilidad, logró que cada vez más personas lo siguieran en su sueño de un Egipto unido. Su coraje inspiró a mucha gente, y no tardó en reunir a un enorme grupo de aliados que marchaban a su lado, todos con el deseo de una tierra unida y poderosa.

Pero el trabajo de Menes no terminaría con la victoria en el campo de batalla. Unir dos reinos significaba unir también sus costumbres y sus creencias. Así que el gran unificador emprendió una nueva misión: integrar las culturas del Alto y el Bajo Egipto en una sola. En lugar de imponer una sola forma de vida, Menes mezcló las tradiciones, respetando las particularidades de cada región. Fue como mezclar dos poderosos ríos en uno solo, creando una corriente imposible de detener. Este acto de respeto y aceptación hizo posible que ambos pueblos se sintieran parte de algo más grande y poderoso.

Finalmente, Menes debía enfrentarse a un último desafío: organizar su nuevo reino. Imagina a este nuevo gobernante de una gran nación unida, sentado en su trono, observando los mapas y creando leyes para garantizar la paz. Con su mentalidad estratégica y un corazón lleno de determinación, Menes estableció sistemas de impuestos, justicia y administración para que cada rincón de su reino funcionase como un reloj. Las personas veían a su nuevo líder como un guía, y Egipto se convirtió en un lugar de paz y armonía.

Y así, Menes, con su valentía, sabiduría y corazón indomable, logró lo que parecía imposible: unir al Alto y Bajo Egipto, no solo en nombre, sino en espíritu. Él se convirtió en leyenda, y su reino, en el más poderoso de todos. El eco de su nombre resuena en las arenas del tiempo, y su historia será contada por generaciones como un ejemplo de cómo un héroe puede cambiar el destino de un pueblo, transformando dos mundos en uno solo, fuerte y eterno.

Conclusión

La historia de Menes, primer faraón y unificador del Alto y el Bajo Egipto, es mucho más que una historia de coronas y palacios: ¡es una aventura épica! Gracias a su astucia, Menes convirtió a sus rivales en poderosos aliados. Y cuando las cosas se pusieron tensas, no solo fue hábil utilizando la fuerza, sino también empleando su inteligencia, tan afilada como una espada. A través de ingeniosas tácticas, guio a sus soldados como un líder legendario que supo cómo ganarse la lealtad y el respeto de todos. Al final, no solo creó un nuevo y poderoso reino: creó una alianza entre dos tierras rivales.

Pero sus habilidades estratégicas no se quedaban en el campo de batalla. Decidió inteligentemente mezclar las tradiciones del Alto y el Bajo Egipto para respetar a todos los habitantes del reino. Menes supo cómo hacer que todos sintieran que pertenecían a una sola gran familia egipcia, teniendo siempre esto en cuenta a la hora de crear nuevas leyes o costumbres para mantener la paz y el orden. Gracias a sus hazañas, Egipto se convirtió en una poderosa nación. Menes no solo fue un líder increíble, sino que dejó un enorme legado: un Egipto unido, lleno de paz, cultura y leyendas que seguirían brillando durante miles de años como las estrellas en el cielo.

EL ASCENSO DE ZOSER: LA CONSTRUCCIÓN DE LA PRIMERA PIRÁMIDE

Hace mucho, mucho tiempo, en las ardientes arenas junto al río Nilo, hubo un faraón que soñaba con algo enorme. Zoser se negaba a conformarse con algo tan humilde como una mastaba cuando muriera —que eran las simples tumbas que hasta entonces se construían para los faraones—.

«¡No! —pensó Zoser—, ¡yo quiero alcanzar las estrellas!».

Y así comenzó su plan para construir algo nunca visto: ¡la primera pirámide escalonada!

En este capítulo viviremos una fascinante aventura junto al faraón Zoser y su increíble compañero,

Imhotep, posiblemente el arquitecto más famoso en la historia del antiguo Egipto. Estos dos personajes no solo crearon algo enorme con piedras, sino que también crearon una parte importante de la historia. Imhotep era todo un genio: capaz de ser arquitecto, sacerdote y médico al mismo tiempo, convirtió los grandes sueños de Zoser en realidad gracias a su ingenio y determinación.

Ahora tú visitarás el momento de la construcción, donde los artesanos desafiaban sus límites y los trabajadores empujaban enormes piedras, y donde cada bloque mal cortado y cada madera rota se convertían en una lección de aprendizaje y superación. Descubrirás cómo estos genios se enfrentaron a grandes dificultades y experimentaron con materiales desconocidos para crear algo nunca visto.

¡Prepárate, joven historiador, porque la aventura comienza ahora!

La visión que transformó la arquitectura egipcia

Zoser tenía un sueño tan enorme como el desierto que tenía ante él. Pero no era un sueño cualquiera: era una idea que permanecería en pie durante siglos. Zoser quería construir algo increíble, no solo para él, sino para todos los que vendrían después: ¡una pirámide!

Antes de Zoser, los faraones eran enterrados en mastabas. Estas eran construcciones muy simples, rectangulares y planas, usadas como tumbas. Pero Zoser había imaginado algo diferente para él. Soñaba con una tumba que se elevara como una gigantesca escalera hacia el cielo. Creía que, al construir una pirámide, no solo crearía su lugar de descanso, sino también un símbolo de vida eterna que resistiría el paso del tiempo.

¿Pero por qué construir algo con esa forma tan especial? La respuesta estaba en su creencia en la eternidad. Los egipcios creían firmemente en la vida después de la muerte, un lugar misterioso al que iban para disfrutar de su otra vida. Zoser no quería que su tumba fuese un simple lugar de descanso bajo la arena, sino un portal que simbolizara su renacimiento. La Pirámide Escalonada no solo guardaría sus tesoros, sino que protegería su vida más allá de la muerte.

Pero había un problema: ¿cómo convertir una simple mastaba en una pirámide que llegara hasta el cielo? Esto requería una gran innovación. Bajo las órdenes de Zoser, los arquitectos pensaron en algo nuevo. En lugar de los ladrillos de barro comunes que se empleaban hasta entonces, utilizaron piedra sólida, fuerte y duradera. Además, la piedra encajaba perfectamente con el deseo de Zoser, pues construirían algo que existiría para siempre, algo eterno, como él cuando cruzase al más allá.

A medida que los trabajadores apilaban las enormes piedras, una sobre otra, la Pirámide Escalonada comenzaba a tomar forma. Cada capa añadía altura y, pronto, pareció una enorme escalera que subía hacia el cielo. La gente la miraba asombrada, porque nunca antes habían visto algo así. La majestuosa pirámide era un claro mensaje de que Zoser no era un hombre cualquiera: era un poderoso faraón vinculado a los dioses.

El sueño de Zoser sirvió de inspiración para los faraones que vinieron después, quienes descubrieron que la arquitectura, además de útil, podía ser simbólica y poderosa. Su idea hizo que los futuros faraones se atrevieran a construir pirámides aún más altas, como las Grandes Pirámides de Guiza.

El verdadero poder de la visión de Zoser no está solo en su pirámide, sino en el legado que creó. Inspiró a los siguientes líderes a tener sueños más grandes, a atreverse a construir sus propios monumentos, a dejar su marca en la historia. Donde antes había simples tumbas, ahora había grandiosas pirámides. El cambio de las mastabas a las pirámides no fue solo un cambio en la forma: ¡fue un símbolo de poder y de eternidad!

Es asombroso pensar cómo la visión de un solo faraón pasaría a la historia de la arquitectura para siempre. Incluso el gran faraón Keops, que construiría la Gran Pirámide de Guiza, se inspiró en Zoser. Y todo gracias a que tuvo el valor de imaginar algo tan colosal y eterno como el mismo cielo.

Al final, la Pirámide Escalonada sigue allí, como una increíble muestra del sueño de Zoser. Es una maravilla histórica y un recordatorio de que, cuando sueñas en grande y te atreves a hacer cosas extraordinarias, puedes dejar una huella para siempre. Al hacer realidad su sueño, Zoser se aseguró su lugar en la eternidad, pero también su lugar en la historia, inspirando a las futuras generaciones a soñar en grande.

Zoser e Imhotep: creadores de la primera pirámide

Imhotep no era tan solo un arquitecto cualquiera: era un verdadero genio, además de médico y sacerdote. Zoser y él lograron algo extraordinario: construyeron la primera pirámide de todas, ¡la Pirámide Escalonada de Saqqara! Para ello, fue necesaria una gran creatividad y trabajo en equipo.

Cuando Zoser decidió que quería como tumba algo más especial que una simple mastaba, fue a ver a Imhotep para explicarle su gran sueño: crear una estructura que simbolizara su poder y su vida eterna. Imhotep aceptó el reto y, gracias a sus elevados conocimientos de geometría y construcción, comenzó a planear un nuevo tipo de edificación: una pirámide escalonada que llegaría hasta el cielo.

Su aventura arquitectónica comenzó cuando Imhotep reunió a cientos de trabajadores, artesanos y constructores. Bajo el ardiente sol egipcio, todos colaboraban, compartiendo ideas y resolviendo problemas. ¡Era una misión tan épica que todos querían ser parte de ella! Idearon un plan brillante para transportar las enormes piedras: construyeron rampas de tierra y barro para deslizarlas hasta el lugar indicado. No fue fácil. Las vigas se rompían, las piedras no encajaban y el abrasador calor del desierto no ayudaba precisamente. Pero Imhotep no se rindió. Él y su equipo se enfrentaron a cada problema con ingenio y persistencia. Trabajaron unidos, demostrando que el verdadero poder estaba en el trabajo en equipo.

Finalmente, la Pirámide Escalonada estuvo terminada, lista para desafiar el tiempo, y dejó fascinados a todos los que la contemplaban. No era una simple tumba: era un símbolo del ingenio y la valentía de los humanos. Incluso hoy en día llegan personas de todas partes para admirarla, asombradas de cómo Zoser e Imhotep lograron construir algo tan grandioso sin las herramientas modernas que tenemos ahora.

Lo que significó un gran logro para ellos se convirtió en el modelo para futuras pirámides. Los posteriores faraones soñaban con construir estructuras aún más grandes. Y quién sabe, ¡quizá las famosas Pirámides de Guiza no habrían existido de no ser por Zoser e Imhotep! Gracias a ellos, el antiguo Egipto nunca volvió a ser el mismo, y su historia nos enseña lo que se puede lograr cuando se unen la imaginación y el trabajo en equipo.

Conclusión

Imagina por un momento que estás junto a Zoser e Imhotep mientras admiran su increíble obra terminada: la Pirámide Escalonada. Seguramente Zoser está pensando con gran orgullo: «¡Hemos construido algo realmente asombroso!». Y tiene toda la razón, pues aquella no era simplemente una enorme tumba: era una idea gigante, una prueba de fuerza, de trabajo en equipo y de sueños que se hacen realidad.

Transformaron piedras normales y corrientes en algo tan extraordinario que demostraba lo que se puede llegar a lograr con la imaginación. Gracias a este dúo de genios, otros faraones decidieron soñar en grande también, imaginando pirámides aún más grandiosas. Esto nos demuestra el poder de trabajar unidos y de no poner límites a los sueños.

Así que, la próxima vez que te enfrentes a algo que parezca imposible de superar, recuerda cómo Zoser e Imhotep hicieron realidad su visión de construir una gran pirámide nunca antes vista.

¡Esto debería inspirarte para dar tus propios pasos hacia la grandeza!

LA CONSTRUCCIÓN DE LA GRAN PIRÁMIDE DE KEOPS

Keops fue el genio detrás de una de las maravillas más asombrosas del mundo: ¡la Gran Pirámide de Guiza! En una época en la que los rascacielos ni siquiera estaban en la imaginación humana, este faraón decidió realizar una construcción tan enorme y perfectamente diseñada que dejaría a la gente asombrada durante miles de años. Su reinado fue una gran aventura, llena de grandes ideas y atrevidas construcciones que necesitaban algo más que fuerza para ser realizadas… ¡requerían de un gran ingenio!

En este capítulo viajaremos en el tiempo para explorar hazañas monumentales y descubrir cómo era la vida bajo el mando de este ambicioso faraón. Mientras te sumerges en la historia, aprenderás cómo los egipcios lograban levantar esos gigantescos bloques de piedra sin grúas modernas ni máquinas sofisticadas. Pero eso no es todo. También podrás ver cómo era el día a día en la época de Keops. Imagina un lugar donde todo el mundo —desde agricultores hasta artesanos— desempeñaban un papel importante para que la gran sociedad funcionara tan bien como un reloj. La religión, el trabajo en equipo y un toque de misterio acompañaban sus vidas como el sol sobre el Nilo.

Este capítulo te sumergirá en una emocionante mezcla de historia y relatos llenos de magia, para aprender sobre aquella época y divertirte en el camino. Así que prepárate para un asombroso viaje por el Egipto de Keops. ¡No querrás perdértelo!

Hazañas arquitectónicas de la Gran Pirámide

El nombre de Keops ha quedado grabado para siempre en la historia como uno de los líderes más asombrosos del Antiguo Egipto. Este gran faraón nos dejó un misterio en piedra, una maravilla arquitectónica que aún hoy en día nos asombra y nos hace preguntarnos muchas cosas: ¡la Gran Pirámide de Guiza! Prepárate para una aventura al corazón de esta gigantesca construcción, donde la fuerza, la astucia y la valentía de miles de trabajadores hicieron posible su creación.

Imagina estar sobre las arenas de Egipto, hace más de 4500 años. Soldados, obreros, arquitectos y artesanos, todos reunidos para llevar a cabo una hazaña que resistiría el paso del tiempo hasta nuestros días. Tan solo con unas sencillas herramientas, pero con mucha inteligencia, los constructores de Keops estaban a punto de enfrentarse a un reto épico. Idearon ingeniosas técnicas para transportar enormes bloques de piedra —algunos del tamaño de elefantes y de hasta 80 toneladas—. Imagínate el esfuerzo, la coordinación y el ingenio que hicieron falta. Piedra tras piedra, estos intrépidos egipcios fueron levantando la pirámide casi hasta el cielo. Aunque hoy en día sabemos que utilizaron rampas, todavía los historiadores tratan de descifrar el gran enigma de cómo lograron transportar y colocar los bloques de piedra.

Pero eso no es todo. La Gran Pirámide no solo es grandiosa por su tamaño; también guarda algún que otro secreto cósmico. Por ejemplo, sus esquinas están alineadas casi a la perfección con los puntos cardinales, lo que demuestra que los antiguos egipcios tenían grandes conocimientos de astronomía. ¡Y lo hicieron sin nuestros modernos instrumentos!

Con una altura de 146 metros, la Gran Pirámide fue la construcción más alta del mundo durante más de 3800 años. ¿Cómo es esto posible sin grúas ni tecnología moderna? Ese es un gran misterio de la ingeniería antigua. Se calcula que fueron necesarios entre 20 000 y 30 000 trabajadores, que vivían en una ciudad improvisada creada exclusivamente para aquellos que dedicarían su vida a la construcción de la pirámide. Por lo tanto, no eran esclavos, como siempre se había creído. Eran constructores expertos, hábiles artesanos y fieles seguidores de Keops, trabajando por la misión de crear algo que sabían que existiría para siempre.

Y más allá de su inmenso tamaño, el diseño de la pirámide tenía un significado sagrado. Su forma, apuntando al cielo, era como la escalera por la que el faraón ascendería al reino de los dioses. La pirámide era mucho más que una tumba: era un portal hacia la eternidad, construido para asegurar que Keops pudiera viajar seguro a la otra vida. Esta grandiosa tumba no solo representaba su gran poder en la Tierra, sino también su relación con el reino de los dioses. La construcción de la pirámide de Keops fue una aventura que unió a personas de todas partes trabajando con una misma intención. Esta asombrosa obra nos muestra cómo se organizaba la sociedad egipcia y cómo, bajo el mando de Keops, todos trabajaban juntos para alcanzar un sueño que parecía imposible.

Así que las pirámides no son tan solo unos montones de piedras en mitad del desierto. Son símbolos de una civilización que se atrevió a soñar en grande y de un faraón que dejó su huella en la historia. Hoy, la Gran Pirámide sigue inspirando a todos aquellos que miran hacia el pasado buscando respuestas. Es una ventana hacia otra época y un recordatorio de que el ser humano es capaz de lo imposible.

La vida cotidiana durante el reinado de Keops

En el Antiguo Egipto, la vida era como una colmena de abejas, donde todo el mundo tenía un papel importante. Imagina aquella sociedad como una inmensa pirámide. En la punta de esta pirámide humana estaba el faraón, como el legendario Keops, que gobernaba hasta cada rincón de su enorme imperio. Su trabajo no era solo llevar bonitas coronas y comandar ejércitos; él debía garantizar que el reino funcionara como una máquina perfecta, donde cada pieza encajaba en su sitio y cada vida importaba.

Debajo del faraón estaban los sacerdotes, escribas y nobles. Ellos mantenían el equilibrio, descifraban los mensajes de los dioses y controlaban los asuntos del Estado. Después iban los trabajadores valientes y hábiles: artesanos que, con manos firmes, tallaban maravillas para las tumbas y templos, y agricultores que cultivaban el trigo y la cebada que alimentaban a la nación. Los agricultores dependían del poderoso Nilo, que les daba tierras fértiles como un regalo sagrado. En la temporada de inundaciones, cuando los campos descansaban, muchos de estos valientes agricultores se unían para construir monumentos asombrosos como las majestuosas pirámides.

Aunque esta pirámide imaginaria representa una estructura jerárquica de poder (reyes por encima de todo y trabajadores en la parte más baja), en realidad cada persona tenía un papel importante para asegurar que el reino prosperara. Cada grupo apoyaba y necesitaba a los demás, y todos unidos hacían que Egipto brillara con fuerza.

La religión era una parte fundamental del Antiguo Egipto. Para los egipcios, había dioses para todo: vigilando las cosechas, las casas e incluso los corazones. Estos dioses influían en todos los aspectos de la vida, desde Ra, el poderoso dios del sol, que cruzaba el cielo cada día en su barca celestial, hasta Osiris, que recibía las almas en el más allá. Los templos eran lugares sagrados donde la gente acudía para sentir el poder divino, y donde los sacerdotes realizaban rituales para mantener el *maat*, que era el equilibrio cósmico.

Imagina despertarte en el Antiguo Egipto al amanecer, mientras el sol dorado ilumina las pirámides, y comenzar el día con una plegaria a Ra, dándole las gracias por su luz y calor. Allí, el ritmo de vida no se controlaba con el reloj, sino por el sol y las crecidas del río Nilo, que marcaban los días y épocas del año. Las festividades religiosas eran los momentos más esperados, trayendo música, color y alegría a las ciudades y pueblos.

La expresión artística era otra parte fundamental del Antiguo Egipto. El arte era una forma de inmortalizar historias y recuerdos. Las paredes de tumbas y templos representaban escenas de la vida diaria, del más allá y de los majestuosos faraones. En cada pintura y escultura, los artistas seguían reglas sagradas para transmitir historias de forma clara y simbólica. Su trabajo era crear imágenes que contarían sus historias para siempre, inmortalizando a los dioses y a los faraones, y asegurando que su legado fuera eterno.

Los egipcios de aquella época eran muy ingeniosos. Aunque sus herramientas y su tecnología eran muy simples, lograron hazañas arquitectónicas increíbles. Bajo el liderazgo de sus reyes, lo que comenzaba como simples bloques de piedra se transformaba en pirámides eternas, siendo la más grandiosa de todas la que ya conoces: la Gran Pirámide de Guiza, el legado de Keops.

La vida cotidiana era complicada, pero estaba llena de vida, donde la gente trabajaba para construir una sociedad que prosperara. Los artesanos esculpían, pintaban y construían, dejando pedazos de historia para que las generaciones futuras pudiéramos ver cómo era su mundo. Las mujeres, aunque a menudo se encargaban de los hogares, también podían tener negocios y participar en ceremonias religiosas, lo que demuestra que sus derechos estaban a un nivel muy avanzado para la época.

La vida a orillas del río Nilo no era aburrida. Las reuniones en comunidad, las comidas compartidas y las risas hacían la vida más alegre. Y si había problemas, todos unían fuerzas, enfrentándose a ellos con valentía y determinación. ¡Así era el Antiguo Egipto, un lugar donde cada día era una nueva aventura, una tierra de poder y magia que todavía perdura a través del tiempo!

Conclusión

Es asombroso pensar cómo los egipcios lograron levantar esas enormes piedras hasta llegar casi al cielo. Unas construcciones que fueron posibles gracias a la fuerza y el valor de trabajadores que sabían que formaban parte de algo más grande que ellos mismos. Gracias a su astucia y fuerza de voluntad, lograron lo que parecía imposible. Esta hazaña no solo mostraba el poder de Egipto; era también una forma de desafiar al tiempo, creando algo destinado a hacer que generaciones futuras se quedaran boquiabiertas.

HATSHEPSUT: LA REINA QUE SE CONVIRTIÓ EN FARAÓN

La historia de Hatshepsut está cargada de valentía e intrépidas aventuras. Desde que dejó de ser una simple reina hasta convertirse en una de las faraonas más legendarias de Egipto, su vida estuvo llena de desafíos, descubrimientos y grandiosas hazañas.

Todo comenzó cuando su esposo, el faraón Tutmosis II, murió. Hatshepsut quedó como reina viuda, y el heredero al trono era su hijastro, Tutmosis III, que todavía era un niño muy pequeño. Al principio, ella gobernaba como regente, es decir, cuidando el trono en su nombre hasta que él fuera mayor. Pero, con el tiempo, Hatshepsut tomó una decisión valiente: se proclamó faraón. Ya no era solo una reina regente, era la líder absoluta de Egipto.

Hatshepsut no quiso quedarse atrapada en los muros del palacio; salió al mundo para dejar una huella imborrable en la historia. Con un espíritu audaz, lideró expediciones a lugares tan lejanos y misteriosos como Punt, y construyó monumentos asombrosos que durarían para siempre.

En este capítulo viajaremos junto a ella, surcando mares desconocidos hacia ese mítico reino de Punt. Navegaremos en robustas embarcaciones, encontrando exóticos tesoros en tierras que van más allá de la imaginación. Y, cuando se calmen las aguas tras esta aventura en el mar, pisaremos tierra firme para ser testigos de sus majestuosos proyectos de construcción, obras tan colosales que no son solo piedra, sino historias talladas para la eternidad.

Así que prepárate bien, ajústate las sandalias egipcias y abre bien los ojos: este capítulo te sumergirá en un mundo de arriesgadas expediciones y construcciones majestuosas, todas lideradas por una mujer que se atrevió a gobernar como ninguna otra. A través de sus aventuras, descubriremos una historia de ambición e ingenio que nunca dejará de inspirar a los espíritus valientes y curiosos.

La expedición de Hatshepsut al país de Punt

Hatshepsut, la reina que desafió todas las reglas para convertirse en faraón tenía un espíritu aventurero que se muestra claramente en su misión más famosa: la expedición a Punt. Aquel viaje se convertiría en una aventura histórica con la que demostraría su valentía y su asombrosa capacidad para ser una gran líder.

Hatshepsut ordenó construir grandes barcos, capaces de cruzar los peligrosos y desconocidos mares. Con gran determinación, reclutó a los mejores navegantes, guerreros y artesanos, que respondieron fieles a la llamada de su líder. Cada paso de la travesía fue planeado con precisión: desde las provisiones hasta los jefes de cada barco, todo estaba pensado al detalle. Era un gran desafío que solo una líder excepcional como Hatshepsut podía afrontar con éxito. Con el viento a favor y el rugido del mar como música de fondo, su flota surcó el horizonte rumbo a una tierra misteriosa.

Tras varias semanas de aventura y peligros en alta mar, la expedición llegó a Punt, una tierra exótica como nunca habían visto. Ante sus ojos se desplegaba un reino de maravillas y riquezas: árboles que goteaban mirra perfumada, incienso flotando en el aire y animales tan extraños como los mismos dioses egipcios: ¡monos juguetones, elegantes panteras y tesoros que parecían salidos de un cuento! Los guerreros y exploradores de Hatshepsut cargaron sus barcos con estos tesoros y, con la misma determinación con la que partieron, emprendieron el camino de regreso a casa.

Cuando llegaron a Egipto, los relatos de esta tierra mítica y los exóticos productos traídos de Punt llenaron de asombro a los egipcios. El aroma de la mirra y el incienso envolvió los templos, y los tesoros enriquecieron el gran reino de Hatshepsut, convirtiéndose en la envidia de todas las naciones. El comercio de bienes valiosos traídos de aquella lejana tierra no solo trajo riqueza, sino que hizo que Egipto se volviera muy importante y poderoso. Gracias a sus alianzas y sabias decisiones, Hatshepsut se convirtió en una gran líder, una leyenda, una faraona cuyo nombre será recordado para la eternidad.

La expedición a Punt fue una misión comercial que mostró el espíritu aventurero del reinado de Hatshepsut. Grabada en los templos y contada por generaciones, esta historia inspiró a jóvenes soñadores y futuras líderes, mostrando que una mujer valiente podía conquistar tierras lejanas y dejar un legado inmortal. Sin duda, es una historia capaz de hacer volar la imaginación y despertar el espíritu de aventura en el corazón de muchas personas.

Sus proyectos de construcciones monumentales

De entre todos los logros arquitectónicos de Hatshepsut, uno destaca especialmente: su magnífico templo funerario en Deir el-Bahari. Un grandioso santuario al pie de altos acantilados, donde las terrazas se alzaban como los peldaños de una escalera hacia los cielos y las columnas parecían tocar las estrellas. Este templo era una forma de demostrar que Hatshepsut había sido elegida por los dioses. Para los antiguos egipcios, sus faraones eran seres casi divinos, y ella utilizó su gran ingenio para demostrarle al mundo que era poseedora de esa conexión sagrada. Su templo era un lugar asombroso, lleno de estatuas colosales y escenas épicas talladas en las paredes que representaban su nacimiento divino y su reinado.

Durante el reinado de Hatshepsut se utilizaron nuevas técnicas de construcción que dejarían boquiabiertos a los arquitectos y constructores de las generaciones futuras. Estos antiguos maestros no solo creaban edificios: ¡creaban maravillas! Con ingenio y respeto hacia la naturaleza, Hatshepsut y sus constructores usaron piedra arenisca y granito para hacer que sus estructuras fueran tan fuertes como las montañas y tan eternas como el Nilo. Sus ideas inspiraron a generaciones de constructores, y muchas de estas estructuras aún siguen en pie, desafiando al tiempo.

Pero la brillante mente de Hatshepsut no solo pensaba en la construcción de templos. Sabía que un verdadero líder debe preocuparse por mejorar la vida de su pueblo. Durante su reinado, ordenó la creación de canales y sistemas de riego para que los agricultores pudieran regar sus cultivos de manera más efectiva, incluso en los peores momentos. Así, sus tierras seguían produciendo alimentos en épocas de sequía, asegurando que hubiese suficiente comida para todos. También expandió las rutas comerciales, convirtiendo a Egipto en un importante centro de comercio. Riquezas de tierras lejanas llegaban hasta el reino, y todos los ciudadanos se beneficiaban de la prosperidad que Hatshepsut trajo a su pueblo.

Sus templos, además de ser grandes monumentos, eran centros de fe y magia, acogiendo a todo aquel que quisiera ir a rezar y rendir homenaje a los dioses. Al entrar en aquellos lugares sagrados, se podía sentir el aroma del aire lleno de incienso, escuchar los cánticos religiosos y contemplar con asombro los murales que contaban historias de dioses y criaturas míticas. Las paredes pintadas despertaban la imaginación de los visitantes, que eran transportados mentalmente a mundos de leyendas, donde dioses y diosas luchaban y se aliaban en aventuras asombrosas. Estos templos sagrados eran lugares donde la magia y la realidad se mezclaban en una sola cosa.

Conclusión

Ahora ya conoces la historia de la legendaria Hatshepsut, la audaz reina que decidió ponerse la corona de faraón y desafiar los límites del mundo conocido. Con el espíritu de una exploradora y la valentía de una guerrera, no dudó en embarcarse hacia la tierra de Punt. Una hazaña así no podría haberse llevado a cabo por cualquier gobernante, pero Hatshepsut, con su determinación inquebrantable, zarpó con una flota que surcó los mares para descubrir misteriosas tierras lejanas. De regreso a Egipto, trajo con ella exóticos tesoros que dejaron a los egipcios boquiabiertos: criaturas increíbles, perfumes de tierras lejanas y riquezas inimaginables. Y, gracias a ello, transformó a Egipto en el centro de comercio más importante, donde los mercaderes llegaban de todas partes del mundo para intercambiar valiosos objetos.

Pero la aventura de Hatshepsut no terminó ahí. Mientras sus caravanas cruzaban rutas llenas de tesoros, ella se dedicó a dejar su huella en la historia. Mandó construir un templo funerario en Deir el-Bahari que parecía una fortaleza sagrada esculpida en la misma roca de los acantilados, rodeado de caminos y canales que ella misma mandó construir. Hatshepsut también quiso que su pueblo viviera mejor. Durante su reinado, no solo construyó templos asombrosos para que pudieran comunicarse con los dioses, sino que también se preocupó de que no faltaran alimentos ni agua para todos. Era la reina de mil batallas, la maestra de mil proyectos, asegurándose de que Egipto funcionara tan suavemente como el viento deslizándose por las dunas del desierto. Su reinado es una historia de coraje y poder grabada en piedra, que nos dejó un legado tan sólido y eterno como una pirámide.

TUTMOSIS III:
EL IMPERIO DEL FARAÓN
GUERRERO

Antes de convertirse en uno de los faraones más poderosos de Egipto, Tutmosis III tuvo que esperar pacientemente su turno para gobernar. **Tras la muerte de Hatshepsut, ascendió finalmente al trono... y entonces comenzó su propia y espectacular historia.**

Tutmosis III fue un faraón que sabía cómo lograr todo lo que se propusiera, ya fuera en la batalla o liderando inteligentemente desde el corazón del imperio. No era un faraón cualquiera: era un héroe del antiguo Egipto, con una gran mente estratégica y el carisma de un gran líder. Sus asombrosos logros militares y sus habilidades políticas han fascinado a los historiadores durante siglos, demostrando que, a veces, la pluma es tan poderosa como la espada.

En este capítulo vivirás emocionantes aventuras, en las que Tutmosis III se enfrenta a grandes desafíos y realiza hazañas extraordinarias. Serás testigo de históricas batallas, donde la astucia y el coraje se unen para vencer al enemigo, y descubrirás cómo los matrimonios no solo unían familias, ¡sino civilizaciones enteras! Sentirás el estruendo de los carros cruzando tierras lejanas y verás cómo este legendario faraón mantenía la paz a través de ingeniosos mensajes. A medida que avances en su historia, acompañarás a Tutmosis en la expansión de Egipto más allá de sus fronteras, abriendo caminos de comercio y uniendo culturas, ¡creando no solo un imperio, sino una leyenda que vivirá para siempre!

Brillantes estrategias de guerra

Imagina que estás en el antiguo Egipto. El sol brilla intensamente en el cielo, alto y poderoso, proyectando largas sombras en el suelo. Todo lo que ves, todo este asombroso reino, está gobernado por un faraón muy especial: Tutmosis III, el más grande de los estrategas y guerreros de Egipto.

Nuestra primera parada en este viaje épico es la famosa batalla de Megido. Un gran ejército de ciudades enemigas se ha unido para enfrentarse a Egipto, escondiéndose detrás de las murallas de la ciudad fortificada. Tutmosis se encontraba en una situación muy complicada, pero jugaba con una gran ventaja: su conocimiento del terreno. En lugar de atacar directamente las zonas fuertemente defendidas, escogió un estrecho y misterioso sendero que todos creían imposible de cruzar con un ejército. Y así, de la nada, ¡las tropas de Tutmosis aparecieron, sorprendiendo al enemigo!

En aquella batalla demostró su habilidad para anticiparse a los movimientos de sus adversarios, pero también que era un extraordinario líder, capaz de adaptarse y resolver las dificultades. Mientras el caos se desataba, las fuerzas enemigas se retiraron rápidamente, dejando atrás tesoros, caballos y carros. Pero en lugar de acabar con ellos, Tutmosis III prefirió rodear Megido con ellos dentro, hasta que los líderes de la ciudad finalmente se rindieron. Sabía que capturar la ciudad sin derramamiento de sangre innecesario le haría ganarse una buena reputación, demostrando su increíble paciencia y astucia.

Ahora, nuestra aventura nos lleva al sur, a las ricas tierras de Nubia, un lugar lleno de minas de oro y marfil que Egipto necesitaba para aumentar su riqueza. Pero Tutmosis no solo quería quedarse con sus recursos; pretendía que esas tierras formaran parte de su reino. Planeó inteligentemente la invasión y, gracias a su habilidad y a la ayuda de los locales, logró que Nubia pasara a formar parte del territorio egipcio.

Pero Tutmosis no solo era hábil ideando estrategias militares y políticas. Introdujo algo en el campo de batalla que cambió la guerra para siempre: ¡los carros de combate! Antes, la mayoría de los soldados eran infantería, iban a pie, pero Tutmosis vio el potencial que tendrían estos vehículos en la batalla. Los carros permitían a los soldados moverse, atacar y retroceder si era necesario. Esta mejora le permitió a Tutmosis tener ventaja en cada batalla, ¡y aseguraba que Egipto siempre fuera un paso por delante!

Por último, viajemos hasta el momento del asedio de Kadesh, una ciudad fuertemente fortificada, habitada por formidables guerreros, y que la mayoría de la gente pensaba que era imposible de conquistar. Tutmosis, sin embargo, no pensaba igual. Estaba totalmente convencido de que, con paciencia y planificación, podía lograrlo. Mantuvo a sus tropas firmes, bien abastecidas y motivadas, asediando la ciudad durante días y días, hasta que los defensores de Kadesh finalmente se rindieron.

Durante su reinado, Tutmosis III realizó campañas audaces, cada una más impresionante que la anterior. Cuando parecía que lo tenía todo perdido, sorprendió a sus enemigos en Megido, obligándolos a rendirse; logró tener éxito en la conquista de Nubia y salió victorioso en Kadesh. Nos enseñó que el verdadero poder no está en la fuerza bruta, sino en la inteligencia. Su historia nos demuestra que, a veces, el camino menos esperado —o el que parece imposible— es el que te lleva a la grandeza.

Construyendo un imperio poderoso con nuevos aliados

Imagina que Egipto era como un juego gigante de ajedrez, donde las piezas eran reyes, princesas y hasta países enteros, moviéndose estratégicamente por el tablero. Uno de los movimientos más inteligentes de Tutmosis fue crear nuevas alianzas a través de matrimonios. Piénsalo bien: si quieres hacerte amigo de ese niño que vive en tu calle, una buena idea sería invitarlo a tu cumpleaños, ¿verdad? Pues algo parecido hacía Tutmosis. Invitaba a los hijos de los reyes a fiestas en su casa para crear vínculos y lograr que se casaran con miembros de su familia. De este modo, no solo unía a personas, ¡sino a naciones enteras! Estos matrimonios crearon nuevas alianzas entre imperios, convirtiendo a Egipto en un reino muy poderoso.

Pero su astucia para formar un gran imperio no termina aquí. Tutmosis sabía lo importante que era mantener una buena comunicación con el resto de los gobernantes, por lo que les enviaba mensajes escritos en tablillas para hablarles sobre comercio, alianzas o para mantener la paz. En vez de usar espadas para resolver problemas, Tutmosis usaba palabras, y demostró que es mejor solucionar las cosas con una carta que derramando sangre en una batalla innecesaria.

Pero pronto se dio cuenta de que, para que su reino prosperara, no bastaba con conquistar tierras y crear alianzas. Necesitaba expandir las rutas comerciales. Quería tener grandes mercados llenos de comerciantes intercambiando joyas brillantes, especias exóticas y tesoros de tierras misteriosas. El comercio era como el internet de aquellos tiempos, conectando a personas de todos lados. Con él, Tutmosis no solo buscaba riqueza: quería formar un gran imperio lleno de actividad, en el que todo el mundo quisiera estar.

Lo que demuestra que Tutmosis III era realmente sabio es que no veía a las culturas vecinas como enemigos, sino como aliados. Veía al resto de reinos como oportunidades para formar un gran imperio, y no como peligros de los que preocuparse. Valoraba la diversidad y buscó la unidad entre los diferentes pueblos, respetando las costumbres y creencias de los otros, y mostrando ser un gran líder. Respetar a las otras culturas mantenía la paz en el reino, evitando los conflictos. Tutmosis creó un imperio en el que todos se llevaban bien porque sabían apreciar las cualidades únicas de los demás. No solo fue un magnífico guerrero, sino también un líder sabio que logró que Egipto brillara en la historia como una poderosa tierra de paz.

Conclusión

Ahora sí, llegamos al final de nuestra gran aventura con Tutmosis III. Hemos visitado batallas épicas, donde nuestro héroe brilló como el ardiente sol de Egipto. Sin duda, fue un valiente guerrero, capaz de sorprender a sus enemigos cuando todo estaba perdido y de salir victorioso de cada batalla al mando de sus poderosos carros de guerra. Pero Tutmosis no solo fue un formidable guerrero: también fue un verdadero maestro de la diplomacia. Gracias a las alianzas que formó estratégicamente y a sus mensajes de paz, ganó amigos y unió reinos.

Su increíble historia nos llevó más allá de las victorias en el campo de batalla y los acuerdos entre reinos. Tutmosis amplió sus rutas comerciales, uniendo culturas e ideas en un gran imperio donde se vivía en paz y armonía. Así que, si algún día llegas a gobernar un imperio, ya sabes: antes de enfrentarte a nadie, mejor propone unir fuerzas para lograr algo maravilloso.

TUTANKAMÓN: EL REY NIÑO

Hace más de 3.000 años, en una tierra de grandiosos templos y arenas doradas, surgió un joven gobernante que cambiaría la historia de Egipto para siempre. ¡Prepárate para conocer la asombrosa historia de Tutankamón, el faraón más joven de Egipto! Mientras otros jóvenes aprendían un oficio y soñaban con correr aventuras, ¡Tutankamón ya tenía asignada una gran misión en la vida! Estaba destinado a dirigir un reino y a guiarlo con el poder de los antiguos dioses.

En esta historia, caminarás por los mismos caminos que recorrió Tutankamón, entre los enormes templos y los mercados llenos de vida del Antiguo Egipto. Serás testigo de cómo renace una fe que había sido olvidada. Verás cómo el joven faraón revive el culto a dioses sagrados como Amón-Ra, devolviendo su grandeza a los templos, y conocerás a los sabios consejeros que le ayudaron a convertir sus sueños en un legado eterno. Esta es una aventura llena de intrigas, de templos repletos de tesoros y tradiciones resucitadas. ¡Atrévete a descubrir la legendaria historia del niño rey!

Regreso a las antiguas creencias religiosas

Tutankamón, el rey niño de Egipto, fue mucho más que un joven faraón. Fue un héroe legendario que, en su corta vida, se atrevió a desafiar el legado de su propio padre para restaurar el equilibrio en su reino. Aunque su reinado duró solo unos pocos años, desde el 1332 hasta el 1323 a. C., ese corto tiempo fue suficiente para iniciar una era de cambio y devolver al pueblo egipcio su fe en los antiguos dioses, que su padre había intentado eliminar.

Antes de que Tutankamón tomara el trono, su padre, el poderoso Akenatón, había provocado un gran conflicto religioso en Egipto. En su empeño por adorar solo al dios Atón, había desterrado a los demás dioses y desmantelado templos que habían sido sagrados por generaciones. Al pueblo no le gustó que le impusieran este cambio radical en sus creencias, y sentían que Akenatón estaba destruyendo el mundo que conocían. Pero entonces el faraón murió, y su hijo, un niño de tan solo nueve años llamado Tutankatón, fue coronado como Tutankamón y, con coraje y sabiduría, decidió restaurar el equilibrio y devolver a Egipto sus antiguas tradiciones.

En su primera gran hazaña, Tutankamón ordenó la reconstrucción de los templos a los dioses antiguos, devolviendo al pueblo lugares sagrados como los templos de Amón-Ra, donde resonaron nuevamente los cánticos y ofrendas en honor a los dioses. Estos templos, que habían sido abandonados y olvidados, volvieron a llenarse de fieles que agradecían la vuelta de sus creencias. Con este acto de valentía, Tutankamón hizo posible que su pueblo volviera a conectar con sus raíces y devolvió la paz y el orden al reino. Los antiguos dioses sonreían nuevamente sobre Egipto.

Pero Tutankamón no solo restauró los templos. Bajo su mando, se desarrolló el arte como nunca antes. Los artistas eran ahora más libres y ya no sufrían las restricciones impuestas en tiempos de Akenatón. Así que comenzaron a crear obras que representaban la grandeza de los antiguos dioses y la mítica historia de Egipto. Los templos y palacios estaban decorados con esculturas y pinturas llenas de colores, que recordaban a la gente la grandeza de sus antepasados. Esto hizo que los egipcios sintieran de nuevo su cultura, y que Egipto, gracias a Tutankamón, volviera a ser el gran reino que fue antes.

A pesar de ser solo un niño, Tutankamón demostró una impresionante madurez al rodearse de sabios consejeros. Entre ellos estaban Ay, el gran visir, y Horemheb, el temido general, quienes le aconsejaron a la hora de tomar decisiones y le enseñaron todo lo necesario para gobernar Egipto. Escuchando sus consejos, Tutankamón lideró con una sabiduría que asombraba tanto a su pueblo como a sus enemigos. No era solo un niño rey: era un líder que unía a Egipto con valentía, manteniendo la paz y la armonía mientras restauraba las tradiciones antiguas.

Con el tiempo, la fama de Tutankamón comenzó a extenderse. Era visto como el salvador que había devuelto a Egipto sus dioses y sus tradiciones después de una época difícil. Las historias sobre el rey niño viajaron más allá de las fronteras, y todos lo recordarían como el joven faraón que dejó una huella imborrable.

Muchos siglos después, en 1922, un explorador británico llamado Howard Carter descubrió la tumba oculta de Tutankamón en el Valle de los Reyes. Al abrirla, encontró fascinantes tesoros: oro reluciente, joyas y artefactos sagrados que contaban la historia de un faraón que había traído de vuelta la grandeza de Egipto. Los amuletos y las estatuas de los dioses mostraban que aquella había sido una civilización llena de magia y misterio. La tumba de Tutankamón no era solo un lugar de descanso eterno, sino también una prueba de su esfuerzo por devolverle la alegría a su gente. Pero esta historia —la del descubrimiento de la tumba de Tutankamón— es otra aventura en la que nos detendremos a disfrutar más profundamente en el capítulo final del libro.

Por desgracia, Tutankamón murió muy joven, pero su nombre será recordado para siempre. Con valentía y entusiasmo, devolvió a su pueblo la fe en los antiguos dioses y el orgullo de sentirse egipcios, que se mantendría a través de los siglos. Su nombre se convirtió en leyenda, y aún hoy, el mundo sigue asombrado por las aventuras de este joven faraón que se atrevió a cambiar el destino para devolverle a Egipto su grandeza.

Conclusión

Ha llegado el momento de despedirnos de Tutankamón, asombrados por la interesante historia de este joven faraón que se atrevió a devolverle a Egipto su cultura, tradiciones y religión. Podemos imaginarnos a un niño al que la corona le quedaba un poco grande, pero que no dudó en hacer lo necesario para arreglar el desorden que había creado su padre, Akenatón, quien se había empeñado en adorar a un solo dios.

Pero Tutankamón trajo de vuelta a los antiguos dioses egipcios y restauró los antiguos templos. El joven gobernante supo escuchar a sus sabios consejeros, tomando decisiones dignas de un faraón y recuperando el arte de sus antepasados. Y, aunque su reinado fue tan corto como un relámpago en el desierto, su historia será eterna entre las arenas del desierto.

SETI I:
GUERRERO Y RESTAURADOR

Imagina a un líder capaz de manejar una espada con la misma habilidad con la que creaba planos para construir templos: un guerrero incansable y un gran arquitecto. Mientras surcaba las arenas del desierto en su carro de guerra, en su mente diseñaba grandiosos templos. En este capítulo conocerás la emocionante historia de Seti I, un líder capaz de negociar la paz y, al mismo tiempo, dar órdenes para construir un templo. Gracias a su habilidad en las batallas, hizo que Egipto fuera más grande y lo llenó de tesoros y riquezas. Siempre iba un paso por delante y sabía muy bien cómo enfrentarse a sus enemigos.

Estás a punto de embarcarte en un viaje épico para

conocer las hazañas de Seti I, donde descubrirás cómo hasta los enemigos más temibles temblaban al oír su nombre, debido a sus brillantes estrategias y a su ejército leal y feroz.

Prepárate para escuchar historias de duras batallas, donde el polvo volaba y las pisadas de los caballos retumbaban como truenos, mientras los soldados elaboraban estrategias como verdaderos maestros del ajedrez para proteger a su faraón. Y después visitaremos sus gloriosos templos y majestuosos monumentos. Así que prepárate para conocer la historia de Seti: ¡una emocionante aventura que te dejará sin aliento!

Triunfos militares de Seti I

Seti I, el poderoso faraón de Egipto, fue un gran estratega y guerrero, un líder increíble que luchaba para proteger a su gente y llevar a Egipto a la gloria. En antiguas tierras llenas de aventuras y misterios, Seti se enfrentó a feroces ejércitos que cruzaban el desierto en sus carros de guerra, listos para la batalla, defendiendo sus territorios con valor.

Una de las regiones más peligrosas de su tiempo era la ciudad de Kadesh, donde los hititas querían imponer su poder. Seti I fue uno de los primeros faraones en enfrentarse a ellos allí, logrando tomar la ciudad por un tiempo gracias a sus brillantes estrategias. Aunque esa batalla no fue la más famosa, sí preparó el terreno para lo que vendría después, cuando su hijo, Ramsés II, se enfrentaría nuevamente a los hititas en la gran y legendaria batalla de Kadesh. Así, padre e hijo compartieron la misma lucha… ¡pero en diferentes momentos!

Los hititas no eran enemigos fáciles: ¡eran poderosos y temibles! Sin embargo, Seti no solo usó su fuerza, sino también su astucia. Con inteligentes negociaciones y un enfoque estratégico, fue conquistando poco a poco las tierras de sus enemigos. Gracias a su ingenio, Egipto no solo protegió sus fronteras, sino que también se hizo más rico y respetado en todo el mundo antiguo.

Pero un poderoso gobernante siempre tiene grandes enemigos. Así que Seti no solo debía preocuparse por luchar contra los hititas. Otro peligro del que debía ocuparse eran los amorreos, un pueblo fuerte y valiente que también quería expandirse. Pero Seti, sintiéndose invencible, se enfrentó a ellos. Sabía que vencer no dependía solo de luchar, sino de no rendirse nunca. Los amorreos eran duros rivales, pero él estaba decidido a avanzar y a triunfar a pesar de las dificultades. Su historia con los amorreos nos enseña algo importante: nunca te rindas, porque con perseverancia ¡puedes superar cualquier obstáculo!

La historia de Seti no solo nos habla de batallas, sino de liderazgo, de inteligencia y de valentía. Solo un gran líder como él podría organizar con tanto éxito sus ejércitos, planear inteligentemente cada movimiento, pensar en estrategias efectivas y saber cuándo negociar en lugar de pelear. Para él era como dominar un gran juego, donde el que piensa con inteligencia y actúa con valentía es el que gana, ¡y no el que tan solo tiene la espada más grande!

Así que, la próxima vez que quieras salir victorioso en algo —ya sea en un juego o en una competición—, recuerda a Seti. Piensa en sus valientes decisiones y en cómo usó su inteligencia para proteger y expandir su reino. Las historias de Seti son un tesoro de aprendizaje para futuros líderes, demostrando que, con paciencia, coraje y buenas decisiones, ¡puedes lograr cosas increíbles y alcanzar tus sueños!

Restauración de obras arquitectónicas

Seti, además de ser un gran guerrero, dedicó su vida a construir templos y monumentos que cambiarían la historia de Egipto y que siguen asombrando a los viajeros.

Él creía que, para que su reino prosperara, debía mantener contentos a los dioses. Por ese motivo emprendió una de sus mayores misiones: decidió construir el Gran Templo de Abydos, una magnífica obra que sería la joya de su reinado. Ahora, cierra los ojos e imagina cómo, en medio de las arenas doradas del desierto, se alza una gigantesca fortaleza de piedra blanca. Este era un templo sagrado donde la gente adoraba a Osiris, el dios del más allá. Con la construcción de este templo, Seti demostró a todo el mundo su gran respeto por los dioses y su deseo de ser un faraón recordado para siempre.

Pero Seti no solo construyó nuevos templos: también se dedicó a renovar los antiguos por todo Egipto. Con ello lograba conservar las historias de los anteriores reyes y reinas, mostrándole a su pueblo la importancia de recordar su historia. Al caminar por estos templos, la gente podía ver los jeroglíficos en las paredes y disfrutar de los antiguos relatos de Egipto.

El deseo de Seti de restaurar los antiguos templos nos enseña la importancia de aprender de quienes vinieron antes que nosotros. Cada historia o jeroglífico preservado es una pieza de sabiduría que conecta el presente con el pasado. Seti quería que su gente recordara sus raíces y que entendiera que, para tomar decisiones en el presente, es necesario conocer el pasado. Los templos eran centros de reunión, donde la gente compartía ideas y fortalecía sus creencias. Eran lugares donde todos podían sentir orgullo por lo que creían y recordar sus tradiciones.

Los proyectos de Seti mostraban su deseo de hacer grande a Egipto y de compartir su amor por su cultura. Los templos no son solo edificios: simbolizan sueños, creencias y quiénes somos. Las grandiosas obras de Seti nos enseñan que lo que hacemos demuestra quiénes somos. Al igual que él, todos podemos crear algo especial que dure en el tiempo. Así que, la próxima vez que comiences un proyecto —como terminar un dibujo, escribir una historia o ayudar a alguien—, ¡piensa que estarás dejando tu propia huella en el mundo, como lo hizo Seti I!

Conclusión

Hemos llegado al final de nuestra aventura en la época de Seti I, y queda claro que nuestro gran faraón no solo fue un gran guerrero: también era un maestro construyendo maravillas. Se enfrentó a ejércitos feroces y creó grandiosos templos que resistirían el paso del tiempo. Esta apasionante aventura de Seti no solo habla de batallas con espadas: también nos enseña a ser grandes líderes y a dejar una huella en la historia que dure para siempre.

Quizás tú y yo no nos dediquemos a ganar batallas o construir enormes templos, pero su historia nos inspira a pensar en grandes cosas y ser valientes. Recuerda siempre la sabiduría de Seti y atrévete a dar vida a tus ideas combinando estrategia con creatividad. Quién sabe, tal vez algún día tus creaciones sean admiradas a través del tiempo como las de Seti I. Hasta entonces, deja que tu imaginación vuele y apunta siempre a las estrellas.

RAMSÉS II:
EL GRAN CONSTRUCTOR

Ramsés II era hijo del poderoso faraón Seti I, el gran guerrero y maestro en la construcción de templos. Desde pequeño, Ramsés acompañaba a su padre en sus viajes y aprendió de él los secretos del liderazgo, la estrategia y el arte de dejar huella en la historia. Soñaba con convertirse en un gran faraón… y vaya si lo logró.

Fue un líder valiente que vivió una vida llena de triunfos, tanto en el campo de batalla como fuera de él. No se quedaba sentado esperando a que la vida pasara, ¡no, señor! Este faraón lideró enormes ejércitos y diseñó impresionantes monumentos que aún hoy nos dejan con la boca abierta.

Pero no solo descubrirás su increíble habilidad como

líder, sino que también conocerás los impresionantes monumentos que nos dejó como prueba de sus logros. Cada piedra cuenta una historia; cada templo, un recuerdo de su grandeza. Así que prepárate, porque Ramsés II no es solo un faraón: es una leyenda que nos sigue fascinando cientos de años después. ¡Su historia es una aventura que nunca olvidarás!

Batalla de Kadesh

En el mundo del antiguo Egipto, pocos nombres suenan con tanta fuerza como el de Ramsés II, conocido por su extraordinario reinado, sus grandes templos y por ser un maestro en el arte de la guerra. Una de sus batallas más épicas fue la Batalla de Kadesh, un combate entre los egipcios y los hititas en lo que hoy conocemos como Siria.

Años antes, su padre Seti I ya había luchado por esta ciudad, logrando tomarla brevemente. Pero los hititas regresaron y el conflicto siguió sin resolverse. Ahora, como nuevo faraón, Ramsés II decidió continuar esa misión y enfrentarse a los hititas con la intención de recuperar el control de la región. Lo que ocurrió entonces se convirtió en una de las batallas más épicas de la historia del antiguo Egipto.

Cerca del río Orontes, miles de feroces soldados se enfrentaron bajo el ardiente sol. En la Batalla de

Kadesh, Ramsés demostró su ambición, pero también su gran habilidad militar. El faraón lideró a sus tropas en un enfrentamiento épico contra los hititas, totalmente decidido a expandir el reino de Egipto. Esta batalla fue muy importante en la antigüedad y sigue siendo una de las batallas de carros de guerra más grandes de la historia, ¡con aproximadamente un total de 5.000 carros entre los dos bandos!

Pero Ramsés no se basó solo en la cantidad: él tenía un plan brillante. Mientras que los hititas usaban carros pesados, lentos y arrastrados por tres caballos, Ramsés decidió usar vehículos ligeros y veloces, ideales para maniobras rápidas. Con estos carros, sus soldados podían atacar y retirarse con una rapidez impresionante, sorprendiendo a sus enemigos, que no sabían cómo reaccionar.

Pero entonces la batalla tomó un giro inesperado. En un momento, el ejército egipcio se vio sorprendido por un ataque de los hititas. Los soldados de Ramsés quedaron dispersos y, por un instante, todo parecía perdido. Sin embargo, Ramsés no era un líder cualquiera: él era un verdadero faraón con corazón de guerrero. Sin dudarlo ni un segundo, mantuvo la calma, reorganizó a sus hombres y contraatacó como un león que se lanza sobre su presa, haciendo retroceder al enemigo.

Al final, no hubo una alegre victoria, pero tampoco una amarga derrota, sino más bien un empate. Pero Ramsés no se sentía perdedor. De hecho, realmente no habían sido derrotados, así que, a su regreso a Egipto, proclamó que aquel resultado verdaderamente significaba un triunfo. Mandó grabar en los muros de sus templos escenas de la batalla, mostrando su valentía y su habilidad para inspirar a su gente. Y de este modo, el faraón convirtió aquella batalla en una leyenda de fortaleza y valentía, asegurando que su nombre brillara por siempre en la historia.

Pero más allá de la victoria o la derrota, esta historia nos enseña algo más profundo: la importancia de ser un gran líder en momentos difíciles. Ramsés demostró que el liderazgo no es solo decidir, sino tener el coraje de tomar el control, enfrentarse al caos y convertirlo en una oportunidad. Su valentía y astucia salvaron a su ejército y mostraron que, incluso en los momentos más difíciles, un líder puede dar la vuelta a la batalla.

La historia de Ramsés II en Kadesh no es solo una lección de estrategia: nos enseña que los héroes encuentran en cada reto una oportunidad para demostrar su grandeza. Del mismo modo en que Ramsés transformó una difícil batalla en un símbolo de orgullo, tú también puedes enfrentarte a tus propios desafíos, usando tu creatividad y determinación para salir victorioso.

Templos de Abu Simbel

El nombre de Ramsés II se escuchaba por todos los rincones del reino, no solo por ser un guerrero valiente, sino también por construir maravillas tan asombrosas que parecían sacadas de otro mundo. Estos templos no eran construcciones normales y corrientes: ¡eran como gigantescos monumentos sagrados que contaban la historia de Ramsés y honraban a los dioses! En aquellos tiempos, los egipcios creían que los faraones, como Ramsés, eran elegidos por los dioses mismos para gobernar la tierra. Así que cada templo tallado en piedra era una prueba de que Ramsés tenía el derecho divino de ser el faraón. Cuando la gente veía estos templos, recordaba el increíble poder de su faraón y su relación con los dioses.

Construir esas maravillas no era una tarea fácil, pero los antiguos egipcios eran grandes maestros de la construcción. Usaban técnicas y herramientas tan avanzadas que parecían cosa de magia. Si alguna vez has intentado apilar bloques de juguete sin que se caigan, ¡imagínate hacerlo con piedras gigantes más pesadas que un elefante! Los egipcios sabían colocar cada piedra con una precisión increíble para que sus templos duraran miles de años. Su habilidad y conocimiento en construcción eran tan sorprendentes que incluso asombran a los grandes ingenieros de hoy en día.

Dentro de esos templos, todo parecía mágico. Imagínate paredes iluminadas por antorchas, sacerdotes cantando antiguas oraciones y gente llevando ofrendas para honrar a los dioses y a Ramsés. A través de estos rituales, los egipcios rezaban y daban gracias a los dioses para que el Nilo se inundara a tiempo, las cosechas crecieran fuertes y reinara la paz. Los templos eran lugares sagrados donde, desde el más humilde campesino hasta el noble más poderoso, podían conectar con lo divino. ¡Era un mundo lleno de misterio y magia!

Muchos siglos después, en la década de 1960, personas de todo el planeta se unieron para salvar la historia. Los templos de Abu Simbel, famosos en todo el mundo, estaban en peligro de desaparecer bajo las aguas por la construcción de una gran presa. Pero, en lugar de dejarlos hundirse, países de todo el mundo unieron fuerzas para proteger estos maravillosos tesoros. Con un plan perfectamente elaborado y mucha colaboración, cortaron los templos en pedazos enormes y los llevaron a un lugar seguro.

Gracias a este increíble esfuerzo, consiguieron salvar y proteger un gran pedazo de historia. Al trasladar los templos, las personas de todo el mundo recordaron que nuestra historia, aunque tenga miles de años, es algo que debemos proteger. Y así, la historia de Ramsés II, el gran faraón constructor, sigue viva hasta el día de hoy como una aventura que ha sobrevivido al paso del tiempo.

Conclusión

Imagínate a Ramsés II, de pie, orgulloso de sus logros, en medio del caos de una batalla y rodeado de enormes templos. Ya fuera liderando a sus soldados en la batalla de Kadesh o supervisando la construcción de las inmensas estatuas de Abu Simbel, Ramsés supo cómo dejar huella en la historia. Con astucia y valentía, convirtió derrotas casi seguras en historias de victorias legendarias, mientras sus monumentos contaban al mundo entero su grandeza. La historia de Ramsés nos enseña que, con una buena estrategia y un plan bien ideado, se puede lograr casi cualquier cosa.

CLEOPATRA VII:
LA ÚLTIMA FARAONA DE EGIPTO

Ser faraona de Egipto no era tarea fácil, y menos para Cleopatra VII, que tuvo que moverse entre los secretos milenarios del Nilo y los peligrosos enredos políticos de Roma. Pero Cleopatra no era solo una reina con hermosas joyas: era una brillante estratega que supo jugar con el destino del reino como si se tratase de una partida de ajedrez. Con su inteligencia y una belleza deslumbrante, Cleopatra supo construir alianzas políticas como si trazara un mapa que la llevara directa hacia el poder. Sus habilidades políticas dejaban a los romanos asombrados y confundidos. ¡Nunca sabían cuál sería su siguiente movimiento! Con gran astucia y una sonrisa encantadora, Cleopatra rompía las reglas del juego y conseguía lo que quería. ¡Y así es como se convirtió en una leyenda!

En este capítulo te sumergirás en aquellos tiempos asombrosos, cuando Cleopatra, haciendo uso de su inteligencia, se relacionó con personajes tan importantes de Roma como Julio César y Marco Antonio. Ahora descubrirás cómo ella supo moverse con gran astucia en el peligroso mundo de la política romana, transformando relaciones personales en poderosas alianzas. A continuación, podrás disfrutar de un emocionante espectáculo del mundo antiguo. Y, quién sabe, ¡puede que aprendas algún truco para destacar en política! Prepárate para embarcarte en una aventura y descubrir cómo Cleopatra creó su propio destino con valentía, sabiduría y un poco de espectáculo.

Cleopatra y Julio César

Hace mucho, mucho tiempo, en el antiguo Egipto, la inteligente reina Cleopatra estaba sentada junto al enorme río Nilo, con la mirada fija en el horizonte y la mente llena de ideas. Cleopatra acababa de perder su trono. Su hermano Ptolomeo la había echado sin piedad de su ciudad, Alejandría, dejándola sin un reino y con tan solo su ingenio como último recurso. Pero ella no era una reina cualquiera y, aunque no tenía ejército ni riquezas, estaba decidida a recuperar su reino.

Mientras tanto, lejos de allí, un poderoso líder llamado Julio César —y que tenía el poder de cambiar el rumbo de la historia— gobernaba Roma, una de las ciudades más poderosas del mundo. Pero entonces surgió un conflicto que hizo que Julio César tomara la importante decisión de viajar personalmente a Egipto para resolver la situación. Famoso por su fuerza militar y sus planes ambiciosos, la llegada del César a Egipto era una oportunidad de oro para Cleopatra. Tenía que pensar rápido y actuar aún más rápido. Debía averiguar cómo conocer al César y ganarse su amistad, porque sabía que con su apoyo tendría el poder necesario para gobernar.

Una de las historias más conocidas cuenta que Cleopatra ideó un plan increíble: se hizo llevar hasta donde estaba Julio César escondida dentro de una alfombra enrollada. Este plan tan astuto le permitió llegar hasta él sin ser descubierta.

Este encuentro fue el comienzo de una poderosa alianza. Cleopatra sabía lo importante que era causarle una gran impresión al César para ganarse su confianza. Y, desde luego, con su inteligencia y encanto, logró captar su atención. Este momento fue clave no solo para su relación, sino para el destino de Egipto.

Tras su primer encuentro, Cleopatra y Julio César comenzaron a estar cada vez más unidos y trabajaron juntos para solucionar los problemas de Egipto. Cleopatra quería asegurar su reinado y, para ello, se esforzó por apoyar al César en sus objetivos, mientras le explicaba sus propios planes para el futuro de Egipto. Juntos, se involucraron en asuntos políticos peligrosos. Julio César deseaba tener más poder, mientras que Cleopatra deseaba que Egipto se convirtiera en un reino más fuerte y próspero. Sabían que, si trabajaban en equipo, ambos saldrían ganando. Así que negociaron y crearon un plan para lograr sus objetivos.

Sin embargo, para que su alianza política tuviera éxito, no era suficiente con ponerse de acuerdo los dos. Necesitaban el apoyo del pueblo. Cleopatra y César sabían que su relación atraería tanto aplausos como críticas, y ambos querían ser vistos como líderes fuertes y dignos de respeto. Cleopatra mostró su alianza con Julio César como una oportunidad para lograr un reino más poderoso y feliz para todos. Los dos unieron sus fuerzas para asegurar la paz en Egipto y marcar el comienzo de una buena relación entre sus dos naciones.

Tan fuerte fue su relación, que Cleopatra y Julio César tuvieron un hijo, Ptolomeo XV Cesarión, también conocido como «el pequeño César», que se veía como el símbolo de esta unión entre Egipto y Roma.

Pero esta historia da un giro inesperado. Julio César, el gran líder, fue traicionado y asesinado en Roma. Cuando la noticia llegó a Egipto, Cleopatra se sintió muy triste y asustada. Había perdido a su protector, y sin él, no sabía qué destino tendría su reino. ¿Seguiría Roma apoyándola o tendría que enfrentarse a todo ella sola?

Lo que sí tenía muy claro era que jamás se dejaría vencer. Sabía que aquello no era el final, sino una oportunidad para demostrar su valentía. Con inteligencia y coraje, se enfrentó a cada desafío y protegió a su hijo y a su reino. Aunque el camino fue duro, Cleopatra siempre encontró la manera de seguir adelante. Su historia nos enseña que, aunque los desafíos sean grandes, la fuerza y la valentía pueden llevarnos a escribir nuestra propia historia de éxito.

Cleopatra y Marco Antonio

La gran historia de Cleopatra VII no termina aquí. Su alianza con Marco Antonio no fue solo una historia de amor, sino una valiente decisión que cambió el destino de Egipto y Roma. Los dos tenían el mismo objetivo: tener más poder y proteger sus tierras. Su alianza era parte de un arriesgado plan. Cleopatra necesitaba el apoyo militar de Marco Antonio para devolver a Egipto su antigua gloria. Él, por su parte, sabía que Egipto era un lugar lleno de grandes riquezas que le ayudaría a ganar guerras.

Pero su historia de amor y poder les causó problemas en Roma. Octavio, el rival de Antonio, los vio como una amenaza para sus tradiciones. Esto provocó la famosa batalla de Accio, una batalla en el mar que lo cambió todo. Cleopatra y Antonio se enfrentaron a un enemigo muy fuerte, perdieron y Egipto sufrió la derrota.

Después de haber sido vencidos, Cleopatra demostró su enorme valentía, sacrificio y lealtad quedándose al lado de Marco Antonio hasta el final, cuando los dos murieron trágicamente.

Aunque su final fue triste, la historia de Cleopatra sigue viva para recordarnos su valentía y poder. Ella fue una mujer que supo sobrevivir y destacar con inteligencia en un mundo dominado por hombres. Su vida nos enseña que las historias personales pueden cambiar el rumbo de la historia. El nombre de Cleopatra sigue muy vivo hoy. Rompió barreras y se convirtió en más que una reina: se convirtió en una leyenda. Hoy en día, los niños escuchan sus aventuras, aprendiendo que, incluso en un mundo de hombres, una mujer decidida puede dejar una enorme huella en la historia.

Conclusión

Y así llegamos al final de la emocionante historia de Cleopatra, una reina que supo combinar astucia y valentía en cada paso que daba. Una reina capaz de hacer cosas tan atrevidas como esconderse en alfombras para sorprender a poderosos romanos y ganarse su confianza. Con su inteligencia y la ayuda del legendario Julio César, logró recuperar su trono. Pero cuando él murió, traicionado, Cleopatra tuvo que cambiar sus planes rápidamente sin perder la esperanza.

Cuando la vida le dio otra oportunidad al conocer al valiente Marco Antonio, Cleopatra no dudó ni un instante. Juntos, se embarcaron en una desafiante aventura con el deseo de gobernar sus dos mundos con fuerza y astucia. Pero tras una batalla naval que destrozó sus sueños como una tormenta, Cleopatra se enfrentó a otro giro inesperado del destino. Pero jamás se rindió. Nuestra valiente heroína se mantuvo firme, mostrando un extraordinario coraje incluso cuando todo parecía perdido. Y aunque su historia no tuvo un final feliz, Cleopatra vive en nuestra memoria como la reina que hizo de su vida una aventura tan legendaria que será contada por siempre.

Puedes aprender mucho más sobre la historia de Cleopatra en mi libro *Cleopatra: La última gran reina de Egipto*.

LA CAMPAÑA DE NAPOLEÓN EN EGIPTO

La invasión de Napoleón a Egipto no consistió solo en un montón de soldados cruzando el desierto; fue una emocionante búsqueda para desenterrar secretos ocultos por miles de años. Napoleón lideró a un grupo de valientes exploradores formado por científicos, artistas y expertos arqueólogos. Este peculiar grupo se lanzó al mar rumbo a Egipto, armados no con pistolas y pólvora, sino con lápices, cuadernos y una insaciable sed de descubrimiento, todos ellos ansiosos por documentar todo lo que iban a encontrar. Aquella expedición no solo sirvió para satisfacer las ambiciones de Napoleón, sino que aportó una enorme cantidad de conocimientos que dejarían asombrada a toda Europa. En Egipto los esperaban enormes templos, misteriosos jeroglíficos que resultaron ser más complicados que cualquier rompecabezas y estatuas que se alzaban como gigantes silenciosos.

En este capítulo, descubrirás cómo estos intrépidos aventureros desempolvaron maravillas antiguas que cambiaron para siempre la forma en que estudiamos el pasado. Conocerás a los sabios que, asombrados y con gran pasión, documentaron la grandiosa belleza de Egipto. Viajarás al momento en que se produjeron algunos de los hallazgos más impresionantes: templos colosales, pirámides majestuosas y artefactos fascinantes, que darían origen a la egiptología, el apasionante estudio de la antigua civilización egipcia. También descubrirás las historias asombrosas detrás de la gran obra *Description de l'Égypte*, un fascinante libro que encendió la imaginación de todos y se convirtió en la base de los estudios del antiguo Egipto. Además, aprenderás una lección sobre trabajo en equipo y el intercambio cultural, ya que estos valientes exploradores trabajaron codo a codo con los egipcios locales para desvelar historias ocultas del pasado.

¡Sumerjámonos en un mundo donde se mezclan la historia y la aventura, donde el verdadero tesoro es aprender! Una increíble historia que sigue inspirando a los que sueñan con desentrañar los misterios del pasado.

El papel de los sabios en la exploración científica

En 1798, Napoleón Bonaparte se embarcó en una emocionante aventura hacia Egipto, llevando con él no solo soldados y armas, sino también un extraordinario equipo de científicos, artistas y arqueólogos. Estos expertos, o sabios, fueron unos verdaderos aventureros, armados no con espadas, sino con plumas y compases. Su misión era descubrir los secretos del antiguo Egipto mientras Napoleón dejaba grabado su nombre en este gran capítulo de la historia que parece sacado de una película de Hollywood.

En una época en la que en Europa no se conocía mucho sobre Egipto, aquel grupo de expertos estaba decidido a mostrar al mundo las maravillas escondidas en el desierto, al mismo tiempo que apoyaban la campaña militar de Napoleón. Liderados por el intrépido Gaspard Monge, estos exploradores despertaron en la humanidad el interés por la egiptología. Asombrados por todo lo que sus ojos veían, documentaron cada maravilla: templos que parecían sacados de cuentos, enormes pirámides y misteriosos jeroglíficos. Gracias a su trabajo y curiosidad, abrieron caminos por los que nadie había pasado, uniendo la conquista militar con el descubrimiento cultural. Y demostraron al mundo que, en medio del caos de la batalla, había tesoros de sabiduría esperando a ser descubiertos.

Una gran parte del éxito de su misión se basó en la

colaboración. Los expertos de Napoleón contaron con la ayuda de los habitantes de Egipto, que se unieron a ellos compartiendo sus conocimientos y antiguos secretos. Juntos, emprendieron la búsqueda de una riqueza de sabiduría. La unión de franceses y egipcios demostró que la mejor forma de aprender es compartiendo y escuchando. Este trabajo en equipo ayudó a lograr mayores descubrimientos y sirvió de ejemplo para futuros aventureros que supieron valorar la colaboración entre culturas.

Sus hallazgos sirvieron para crear la extraordinaria obra titulada *Description de l'Égypte*, un libro gigantesco en el que registraron todas las cosas increíbles que encontraron en Egipto. Este libro se convirtió en un gran tesoro de conocimiento, mostrando las maravillas de una civilización antigua que mezclaba arte y ciencia de una forma asombrosa. Todavía hoy es uno de los libros más importantes de la egiptología y una muestra de lo que se puede lograr si observas detalladamente y tienes curiosidad por aprender.

En Europa, se contaban historias sobre la expedición que despertaron la imaginación de todo el mundo. Niños y adultos se quedaban fascinados con los relatos de tierras exóticas y antiguos misterios. Las aventuras del equipo de expertos de Napoleón inspiraron a todos a ver la curiosidad como una forma de descubrir el mundo. Los libros y periódicos se llenaron de historias sobre sus hazañas, despertando deseos de aventura en los corazones de los niños de todo el continente. Las escuelas empezaron a contar estas historias para motivarlos, mostrando cómo la determinación y el trabajo en equipo podían lograr cosas asombrosas.

Los expertos de Napoleón no solo nos dejaron sus maravillosos descubrimientos: también crearon las bases de los métodos arqueológicos modernos y demostraron la importancia de la colaboración entre culturas que comparten sus conocimientos. Con plumas para escribir y dibujar, en lugar de fusiles y mapas de batalla, estos 176 sabios demostraron que una exploración en búsqueda de conocimiento puede ser una gran aventura. Su misión nos enseña lo importante que es preservar la historia, dejándonos un conocimiento que perdura hasta hoy.

Importancia de la expedición de Napoleón en la egiptología moderna

Para los soldados y expertos de Napoleón, debió de ser emocionante descubrir aquellas impresionantes maravillas por primera vez. Pero lo que Napoleón no sabía era que aquel viaje no solo cambiaría la historia, sino que también daría comienzo a la era de la egiptología moderna. Su campaña en Egipto despertó una fascinación que se extendió rápidamente por toda Europa. La gente quería saber más sobre esos misteriosos faraones, los dioses con cabezas de animales y los secretos escondidos en las arenas del desierto.

Antes de que Napoleón visitara Egipto, aquel era un lugar misterioso y desconocido para la mayoría del mundo, repleto de secretos sepultados durante largo tiempo bajo montones de arena. Y cuando su equipo de exploradores y expertos empezó a excavar, encontraron tesoros inimaginables. Científicos y aventureros se unieron a la misión, estudiando antigüedades, traduciendo antiguos escritos y descifrando un rompecabezas histórico. Fue el comienzo de la «egiptomanía», donde todos querían tener un pedacito de esa fascinante historia.

Los museos europeos se llenaron de objetos traídos de Egipto que despertaban la imaginación de quienes los observaban con la boca abierta. Imagínate caminando en aquella época por un museo y ver una estatua de un faraón o un papiro con dibujos extraños. Todo eso era nuevo y misterioso para ellos. Los museos se convirtieron en lugares mágicos, donde niños y adultos podían viajar con la imaginación a tierras lejanas.

Pero no solo los museos se dejaron llevar por el encanto de Egipto. Los edificios europeos comenzaron a lucir columnas y decoraciones inspiradas en aquellos lejanos templos del desierto. Los artistas pintaban cuadros que hacían que los espectadores sintieran que estaban junto al majestuoso río Nilo, e incluso la moda adoptó elegantes estilos con toques de misterio egipcio.

Tras la expedición de Napoleón, se transformó la

forma en que se exploraba el pasado. Antes, los cazadores de tesoros solo querían hallar objetos brillantes, sin importarles mucho cómo o dónde los encontraban. Tan solo les interesaba el valor económico y no el conocimiento histórico, y para lograr enriquecerse no les importaba destruir lo que encontraban a su paso. Pero gracias a expertos como W. M. Flinders Petrie, la arqueología se transformó en una ciencia. Ahora, los arqueólogos excavaban con cuidado, escribían notas detalladas y trataban cada hallazgo como una pista importante de un gran misterio por resolver. Ya no solo buscaban tesoros, sino respuestas: ¿Quiénes eran estas personas? ¿Qué pensaban? ¿Cómo vivían?

Esta nueva forma de investigar la historia hizo que los lugares de excavación fueran como laboratorios, donde los arqueólogos, como verdaderos detectives, descubrían las piezas de un gigantesco rompecabezas. Y así, con cada descubrimiento, la historia del antiguo Egipto cobró vida de nuevo, permitiendo que todos nosotros conociéramos las historias de esta increíble civilización.

Conclusión

Y aquí termina nuestra aventura con Napoleón por el antiguo Egipto. Lo que empezó como una misión militar se convirtió en una emocionante búsqueda de tesoros. Los intrépidos sabios, armados con curiosidad en vez de fusiles, encontraron maravillas que despertaron en el Viejo Continente una nueva pasión por descubrir los secretos del pasado. Sus hallazgos no quedaron olvidados en libros polvorientos: llegaron hasta nuestros días y cambiaron la forma en que vemos la historia.

Imagínate, por un momento, lo emocionante que tuvo que ser explorar enormes pirámides y tratar de descifrar los jeroglíficos. Solo pensarlo hace que cualquiera sueñe con ser un gran aventurero. Aquellos intrépidos exploradores nos enseñaron lo apasionante que puede ser aprender sobre las historias del pasado. Su aventura sigue viva hoy en día, inspirándonos a seguir haciéndonos preguntas y a tener curiosidad por aprender cosas nuevas. ¡Quién sabe! Tal vez algún día tú descubras un gran secreto escondido bajo las arenas del desierto.

DESCIFRANDO EL PASADO: LA PIEDRA DE ROSETTA Y CHAMPOLLION

Descifrar los jeroglíficos egipcios fue como descubrir un tesoro de otro mundo. En este capítulo vivirás una misión épica, en la que hombres y mujeres intentaron resolver los misterios ocultos en la Piedra de Rosetta: la clave para descifrar un pasado lleno de enigmas, que exigía pensar como grandes detectives para dar con la solución al enigma de los jeroglíficos. Esta es la historia de cómo una piedra enterrada en la arena se transformó en un objeto legendario, lanzando a la aventura a estudiosos como Jean-François Champollion, quien, con gran valentía y esfuerzo, logró descifrar el enigma de los jeroglíficos.

Descubrirás cómo un hallazgo accidental por parte de unos soldados, durante la campaña de Napoleón en Egipto, resultó ser uno de los acertijos más complicados de todos los tiempos. Conocerás a los intrépidos exploradores que, juntando piezas de conocimiento de antiguas escrituras, lograron descifrar un nuevo lenguaje que les mostraba un mundo de faraones, dioses y héroes olvidados. Prepárate para una aventura entre libros polvorientos y oscuros pasillos repletos de secretos, y acompaña a estos héroes en su misión para descifrar los antiguos jeroglíficos.

¡El pasado te está esperando!

El descubrimiento y la importancia de la Piedra de Rosetta

En el año 1799, durante la gran campaña de Napoleón en Egipto, lo que debía ser un día de trabajo normal acabó dando lugar a uno de los descubrimientos más asombrosos de la historia. Unos soldados, sudorosos y cubiertos de arena, estaban construyendo un fuerte cerca del pueblo de Rosetta (hoy conocido como Rashid). Mientras cavaban, encontraron algo extraordinario: una gran piedra cubierta de misteriosas escrituras. Esa piedra, a la que luego llamarían «la Piedra de Rosetta», resultó ser una fascinante pieza de la historia, que al ser descifrada revelaría secretos de la antigua civilización egipcia.

Los soldados no sabían exactamente qué era, pero presentían que habían descubierto algo muy especial. La piedra tenía tres tipos de escritura: griego, demótico y jeroglífico. Esta combinación era increíblemente rara e intrigante, como si alguien hubiera escondido un enigma esperando a ser resuelto y que ofrecía a los investigadores la oportunidad de entender un lenguaje perdido durante siglos.

En aquella época, nadie comprendía el significado de los jeroglíficos egipcios. Eran como códigos secretos grabados en muros y objetos. Pero gracias a que la Piedra de Rosetta también tenía texto en griego, un idioma que muchos investigadores sabían leer, ofrecía una oportunidad única: solo tenían que entender el griego para descifrar los otros dos tipos de escritura. Era como encontrar un mapa que conducía a tesoros escondidos en forma de conocimiento.

Al principio, pocos supieron reconocer el verdadero valor de aquella piedra. Al fin y al cabo, solo era eso: un pedazo de roca con inscripciones. Pero, a medida que los estudiosos la analizaron más de cerca, comprendieron su verdadero poder. ¡Estaban a punto de resolver uno de los mayores misterios de la historia! Paso a paso, palabra por palabra, lograron descifrar los textos. El proceso fue largo y exigente. Lo que parecía un hallazgo menor se convirtió en algo que cambiaría el mundo para siempre.

Con el tiempo, la Piedra de Rosetta se transformó

en una pieza clave de la egiptología, es decir, el estudio del lenguaje, la historia y la cultura del Antiguo Egipto. Cambió nuestra forma de ver a los faraones, las pirámides y los antiguos dioses. Hasta ese momento, muchas cosas sobre el Antiguo Egipto seguían siendo un gran misterio. Pero ahora, con la Piedra de Rosetta como guía, los investigadores podían estudiar el pasado como nunca antes.

Gracias a esta extraordinaria piedra, aprendimos que los jeroglíficos no eran simples dibujos, sino un complejo sistema de escritura que representaba tanto sonidos como ideas. Sin la Piedra de Rosetta, quizás seguiríamos viendo a los antiguos egipcios como personajes mitológicos, en lugar de personas reales con culturas y vidas como las nuestras.

Aquella roca nos ayudó a descubrir quiénes eran, cómo vivían y qué era importante para ellos. Aprendimos sobre sus ceremonias religiosas, sus costumbres y su día a día.

Hoy en día, la Piedra de Rosetta se exhibe en el Museo Británico, donde visitantes de todo el mundo se acercan a contemplar sus antiguas inscripciones. Simboliza la conexión entre culturas y el deseo humano de explorar lo desconocido. Y aunque la piedra no puede hablarnos, sus mensajes nos llegan más fuertes que las palabras, contándonos la historia de una civilización perdida para que nunca sea olvidada.

El proceso de descifrado de Champollion

Bajo las misteriosas arenas del antiguo Egipto, la Piedra de Rosetta esperaba, como un tesoro oculto, a que alguien lo bastante inteligente pudiera descifrar su secreto. Esa persona fue Jean-François Champollion, un joven aventurero francés con una pasión desbordante por entender el enigma de los jeroglíficos. Gracias a su determinación, cambió la historia para siempre, permitiéndonos comprender los secretos del pasado.

Pero lograrlo no fue nada fácil. Champollion se enfrentaba a un enorme desafío. Durante años, estudió antiguos símbolos y extrañas inscripciones, analizando detenidamente cada línea como si fueran pistas de un mapa del tesoro. Para él, cada jeroglífico era una pieza de un gran rompecabezas. Su esfuerzo y dedicación nos enseñan que, ante grandes retos, nunca debemos rendirnos.

No estuvo solo en su misión. Como en toda buena aventura, tuvo aliados. Thomas Young, un científico inglés, ya había descubierto algunas pistas importantes. Al relacionar ciertos símbolos con sonidos, ayudó a Champollion a encajar las primeras piezas de este gigantesco enigma. A veces, para resolver un gran misterio, ¡es mejor trabajar en equipo!

Uno de los mayores logros de Champollion fue darse cuenta de que los jeroglíficos no eran solo dibujos bonitos, sino una especie de alfabeto secreto. Este descubrimiento cambió radicalmente la manera en que veíamos los jeroglíficos. Imagina lo que fue descubrir que aquellos símbolos antiguos no eran simples adornos, sino palabras en un lenguaje oculto, esperando ser leído. Los egipcios no solo contaban historias: también escribían sonidos, del mismo modo que usamos letras hoy en día.

Finalmente, en septiembre de 1822, llegó el gran momento. En París, Champollion reveló su descubrimiento ante una sala repleta de curiosos. El público contuvo la respiración mientras él explicaba cómo había resuelto el misterio. Algunos no podían creerlo; otros estaban emocionados, pero todos sabían que presenciaban una hazaña histórica.

La historia de Champollion nos recuerda que, si seguimos nuestros sueños con pasión y no nos rendimos, podemos lograr cosas extraordinarias. Él demostró que la verdadera aventura está en el esfuerzo por alcanzar lo que uno cree imposible.

Conclusión

Antes de despedirnos de este capítulo, tomémonos un momento para imaginar cómo sería el mundo si la Piedra de Rosetta no se hubiera descubierto. Tal vez seguiríamos pensando que los jeroglíficos eran garabatos hechos por alguien aburrido. Pero gracias a investigadores como Champollion, se desvelaron los secretos de una civilización.

Gracias al trabajo en equipo, la curiosidad y el ingenio, el misterio de los jeroglíficos fue resuelto y se convirtió en uno de los mayores logros de la historia.

Esto nos enseña que incluso los descubrimientos más pequeños pueden ser el inicio de grandes hallazgos. Así que ahora, como jóvenes exploradores, debemos recordar la historia de la Piedra de Rosetta cada vez que nos enfrentemos a un reto. Piensa en la paciencia, la constancia y el trabajo conjunto que hicieron falta para descifrar esos antiguos símbolos.

¡Quién sabe! Tal vez tú también hagas un gran descubrimiento algún día.

Mantén los ojos bien abiertos y la mente despierta, porque, así como unos soldados encontraron una piedra llena de misterios, tú podrías hallar un tesoro inesperado en cualquier rincón.

¡Esa podría ser la gran aventura de tu vida!

HOWARD CARTER Y LOS SECRETOS DE LA TUMBA DE TUTANKAMÓN

Explorar los secretos de la tumba del rey Tutankamón es como vivir una aventura llena de misterios y emociones por la búsqueda de un tesoro. Howard Carter y su equipo se enfrentaron a las ardientes arenas del desierto en busca de maravillas escondidas bajo siglos de historia. Decididos a encontrar la tumba de Tutankamón fuera como fuese, se adentraron en lo desconocido con la intención de descubrir lo que se ocultaba bajo el misterioso Valle de los Reyes. Pero, como en toda gran aventura, los esperaban grandes desafíos que pondrían a prueba su valor.

En este último capítulo, te unirás a Howard Carter y sus valientes compañeros mientras se enfrentan a grandes problemas: inundaciones que casi arrasan el lugar de la excavación y personas que no creían que su misión fuera a tener éxito. Verás cómo, a pesar de las dudas y los obstáculos, Carter y su equipo nunca se rindieron. Como buen explorador de la historia, descubrirás que el camino hacia los tesoros no siempre está lleno de oro, sino de trabajo en equipo, esfuerzo y el deseo de descubrir algo grandioso.

¡Prepárate para iniciar un emocionante viaje lleno de pruebas, desafíos y grandes victorias! Esta es la historia de una heroica expedición que llevó a uno de los descubrimientos más asombrosos de la historia de la arqueología.

Problemas para encontrar la tumba

En la década de 1920, Howard Carter y su equipo vivieron una auténtica aventura mientras buscaban la tumba del rey Tutankamón. Su misión no fue tan fácil como parecía, pues muchos obstáculos les aguardaban en el camino.

Un día, mientras el equipo excavaba bajo el abrasador sol de Egipto, sucedió algo inesperado: ¡unas amenazantes nubes negras cubrieron el cielo de repente! Al poco tiempo, empezó a llover y se formó una tormenta tan grande que acabó inundándolo todo. El agua comenzó a cubrir el lugar donde estaban excavando, poniendo en peligro todo el trabajo que habían hecho. Pero Howard Carter no se dio por vencido. Junto a su valiente equipo, cubrieron rápidamente las zonas más importantes y cavaron canales para desviar el agua. Tras mucho esfuerzo, lograron salvar su lugar de excavación. Aquel suceso no solo les enseñó a respetar la fuerza de la naturaleza, sino también a estar preparados para enfrentarse a cualquier contratiempo inesperado.

Pero ese no fue el único problema con el que se toparon. Aunque Carter tenía plena confianza en que estaba muy cerca de descubrir la tumba de Tutankamón, otros arqueólogos no le creían y le decían que estaba perdiendo el tiempo. Imagínate lo duro que debe de ser que nadie confíe en ti cuando tú sabes que estás a punto de lograrlo. Pero ni las dudas ni las críticas desanimaron a Carter; al contrario, cada vez que alguien dudaba de él, aumentaban sus ganas de demostrarles a todos que tenía razón. Y así fue, ya que después de varios años de duro trabajo, su equipo descubrió unas misteriosas escaleras talladas en la roca. ¡Habían encontrado la entrada a la tumba de Tutankamón! Era la prueba indiscutible de que Howard Carter estaba en lo cierto.

Lograr ese descubrimiento histórico no fue nada fácil. Excavar en el Valle de los Reyes, bajo un sol abrasador y cubiertos de polvo ardiente, no es un trabajo que cualquiera pudiera soportar. Los trabajadores locales, hábiles y valientes, cavaban sin descanso, turno tras turno, a pesar del calor y la arena. ¡No querían perder ni un segundo para llegar hasta la tumba del joven faraón! Esta parte nos demuestra que la arqueología no solo consiste en encontrar tesoros; también hace falta fuerza, resistencia y un corazón decidido a no rendirse.

Pero, incluso habiendo encontrado ya la tumba, continuaron los problemas. Al correr la noticia sobre los posibles tesoros escondidos en la tumba, Carter y su equipo tuvieron que proteger el lugar de saqueadores que querían entrar a robar. Así que, noche y día, vigilaron el sitio con guardias y barreras improvisadas, asegurándose de que nadie accediera al lugar que tanto trabajo les había costado encontrar. Lo que había en la tumba no eran simples objetos antiguos: eran piezas únicas que formaban parte de la historia, y Carter sabía que su deber era proteger esos antiguos secretos para que las futuras generaciones pudieran conocer la grandeza del antiguo Egipto.

Los tesoros de la tumba de Tutankamón

Dentro de la tumba de Tutankamón, el arqueólogo Howard Carter no solo descubrió tesoros y oro, sino también objetos que el faraón usaba en su vida diaria. Había herramientas, juegos de mesa y cosas que Tutankamón usaba cuando era un niño. Es curioso imaginarse a un joven faraón divirtiéndose al final del día con sus juegos o usando herramientas para construir cosas. Ya ves que incluso aquel pequeño faraón jugaba y se divertía como los niños de ahora.

Entre los tesoros que Howard Carter encontró en la tumba, había uno que destacaba por encima de todos: la legendaria Máscara de Oro de Tutankamón. Esta máscara era un símbolo poderoso que unía al joven faraón con el mundo de los dioses. Era una parte importante de las tradiciones funerarias. Al colocarla sobre el rostro de la momia, se aseguraban de que el faraón cruzara protegido al más allá. Fue creada meticulosamente y nos hace darnos cuenta del gran talento artístico de los egipcios y de lo complejas que eran sus costumbres funerarias.

Otro objeto asombroso allí encontrado es el trono de Tutankamón, que brillaba con metales preciosos y estaba decorado con símbolos poderosos para demostrar a todo el mundo quién mandaba. En el antiguo Egipto, sentarse en ese trono significaba ser el líder supremo, alguien que guiaba a su pueblo y era respetado por todos. El trono era un símbolo de poder, y cada uno de sus detalles recordaba a los egipcios que su faraón estaba muy por encima de los demás.

Pero eso no es todo. Por toda la tumba se podían ver misteriosos símbolos que guardaban secretos importantes. Uno de ellos era el *anj*, una especie de cruz con un lazo en la parte superior. Para los egipcios, el *anj* era el símbolo de la vida eterna. Cualquiera que lo tuviera estaba protegido y tenía el poder de vivir para siempre.

Estos símbolos no estaban ahí como simples adornos: servían para proteger al faraón en su viaje al más allá.

Los tesoros descubiertos en la tumba de Tutankamón no solo nos muestran su gran riqueza, sino también sus sueños y creencias. Los antiguos egipcios preparaban a sus reyes para un viaje increíble, lleno de magia y aventuras, hacia la otra vida. Cada objeto hallado nos enseña algo del mundo de los faraones y sus dioses, donde la vida seguía más allá de la muerte. Explorar la tumba de Tutankamón es descubrir un mundo donde los antiguos egipcios cobran vida de nuevo, mostrando su valor, su fe y su espíritu aventurero.

Conclusión

Imagínate cómo se debe de sentir ser la persona que se atrevió a buscar uno de los mayores tesoros de la historia, a pesar de tenerlo todo en contra, y que resolvió un misterio tan antiguo que dejó a todos asombrados por siglos. Howard Carter se enfrentó a tormentas salvajes y a un mundo de personas que no creían en él. Su historia nos demuestra lo valioso que es creer en uno mismo, incluso cuando todos dudan de ti. Y no olvidemos la importancia del trabajo en equipo. Sin sus valientes trabajadores, Howard Carter jamás habría descubierto la tumba de Tutankamón. Ellos son los verdaderos héroes de esta historia, que lucharon contra inundaciones, un sol abrasador e incluso peligrosos saqueadores de tumbas.

Cuando abrieron la puerta sellada de la tumba, encontraron mucho más que oro reluciente. Descubrieron que Tutankamón no era solo un rey con grandes riquezas: era un niño que se divertía con juegos igual que nosotros. Sin duda, la historia es como un cofre lleno de tesoros escondidos, esperando a ser descubiertos por mentes curiosas como la tuya.

CONCLUSIÓN FINAL

Hemos llegado al final de nuestra emocionante aventura, en la cual hemos volado sobre las doradas arenas del Antiguo Egipto, acompañando a los grandes faraones en sus victorias y participando en la búsqueda de misteriosos tesoros. Cuando termines de leer estas últimas palabras, des la vuelta a la última página y cierres el libro, recuerda por siempre cada historia como una pieza del gigantesco rompecabezas que forma la historia del Antiguo Egipto. Y claro que podríamos haber conocido muchas más historias de esta fascinante civilización. Si te ha gustado todo este mágico y misterioso mundo, te animo a que sigas investigando por tu cuenta. ¡Hay mucho por aprender! Y quién sabe, quizás tú seas el protagonista del próximo descubrimiento histórico de Egipto.

Imagínate bajar de tu camello al final del recorrido en el desierto y mirar atrás, recordando todas las paradas que hicimos. Descubrimos las impresionantes pirámides, que no son solo montones de rocas en mitad del desierto, sino monumentos gigantescos construidos por gente tan inteligente que incluso siguen dejando asombrados a los mejores arquitectos de nuestra era. Personas como Keops, que no se conformaron con construir grandes cosas; querían ellos mismos alcanzar las estrellas.

Durante nuestro viaje, hemos conocido a grandes gobernantes como Cleopatra y Tutankamón, y descubrimos que no se limitaron a sentarse en sus tronos y gobernar. Tenían sueños y ambiciones, tuvieron que enfrentarse a verdaderos desafíos, y tomaron decisiones que cambiaron el rumbo de la historia. Verás, la historia no consiste solo en fechas o batallas; es una serie de aventuras repletas de acción, protagonizadas por personas con sueños más grandes que las pirámides e ideas más poderosas que una espada.

Aunque estos grandes reyes y reinas vivieron hace mucho tiempo, sus historias siguen fascinando a la gente. ¡Eran verdaderos *influencers* de su época! Su valentía, creatividad y ganas de lograr grandes cosas hacen que sean admirados eternamente, sirviendo de inspiración. Así que, cada vez que tengas una idea brillante, pero te parezca imposible de realizar, recuerda que la historia nos demuestra que cualquiera es capaz de cambiar el mundo.

Al cerrar el libro, no te olvides de todo lo aprendido. No veas esto como el final. Tu aventura no tiene que parar aquí. Investiga más sobre los misterios del Antiguo Egipto y también sobre otras culturas igual de fascinantes. Puedes empezar a leer otro libro, disfrutar viendo un documental o convencer a tus padres para ir a visitar un museo, donde fascinantes objetos antiguos te esperan pacientemente para contarte su historia.

No necesitas ser Howard Carter para descubrir nuevas cosas. Puedes hacerlo leyendo un libro bajo una manta u observando un objeto antiguo. Y sigue soñando con vivir nuevas aventuras. Recuerda lo que te ha enseñado nuestro viaje sobre la importancia de ser curioso, valiente y creativo. ¿Sientes dentro de ti esa emoción por descubrir? Si es así, ¡enhorabuena! Tienes lo necesario para convertirte en el protagonista de tu propia aventura. No necesitas una corona de rey ni un ejército, tan solo una gran sed de aprendizaje y un corazón lleno de curiosidad.

Todo gran aventurero comenzó como un niño curioso al que todo le parecía mágico y misterioso. Lo mejor de todo es que eres totalmente libre de elegir el camino que quieres seguir. Tu propia aventura te espera, ya sea inventando cosas sorprendentes, escribiendo tus propias historias, viajando a tierras lejanas o simplemente soñando con alcanzar grandes logros.

Algún día tú también puedes formar parte de la historia. Piensa que cuentas con una ventaja que grandes personajes no tuvieron: el conocimiento de sus increíbles hazañas para inspirar las tuyas. Adelante, intrépido explorador, crea una historia tan grande que sea digna de ser contada por siempre en todo el mundo.

Esta es la última página de nuestra maravillosa aventura por Egipto, pero también es la primera página del comienzo de tu propia historia de descubrimientos. Espero sinceramente que hayas disfrutado del viaje y que te haya servido para aprender muchas cosas, también como inspiración y para soñar en grande.

Busca tu propio camino, porque, querido lector, tienes emocionantes historias que vivir y maravillas que presenciar. ¡Ahora, ve y escribe tu propia leyenda!

¿TE HA GUSTADO ESTA HISTORIA?

En las siguientes páginas encontrarás contenido extra e información de valor. Pero antes…

Si este libro te pareció interesante o inspirador, por favor, deja una reseña. ¡Es muy fácil y rápido!

Solo toma un minuto, pero significa muchísimo: ayuda a que más niños y familias descubran esta historia y sigamos creando libros como este.

Puedes hacerlo directamente aquí:

Tu opinión vale oro.
¡Gracias por tu apoyo!

CURIOSIDADES DEL ANTIGUO EGIPTO

¿Te has quedado con ganas de más aventuras? ¡Perfecto! Porque ahora vas a descubrir algunos datos asombrosos sobre el Antiguo Egipto que probablemente no sabías. Prepárate para sorprenderte… ¡y para dejar con la boca abierta a tus amigos!

1. **¡Los egipcios creían que el corazón pensaba!**
   Así es. Para ellos, el corazón era el centro de las emociones, los pensamientos y la inteligencia. Creían que el cerebro no servía para nada importante… ¡y lo sacaban durante la momificación!
2. **Los gatos eran sagrados**
   Los egipcios adoraban a los gatos. Creían que traían buena suerte y protegían el hogar. Incluso había diosas con forma de gata, como **Bastet**. Si alguien hacía daño a un gato, podía ser severamente castigado.
3. **Hombres y mujeres usaban maquillaje**
   El maquillaje no era solo para verse bien. Usaban **kohl** (una especie de delineador) para protegerse del sol y evitar infecciones oculares.

4. **La maldición de las momias**
   Aunque es más mito que realidad, mucha gente creyó que las tumbas de los faraones estaban protegidas por maldiciones. Cuando se descubrió la tumba de Tutankamón, varias personas murieron poco después... ¡y nació la leyenda de la maldición del faraón!
5. **¡Los niños también iban a la escuela!**
   Pero no todos. Solo los hijos de nobles y escribas recibían educación. Aprendían a leer, escribir jeroglíficos y hacer matemáticas en tablillas de madera o piedra.
6. **Tenían un dios con cabeza de cocodrilo**
   Se llamaba **Sobek,** y era el dios de la fuerza y los ríos. ¡Algunos templos tenían cocodrilos reales nadando en estanques sagrados como parte del culto!
7. **No eran esclavos los que construyeron las pirámides**
   Durante mucho tiempo se creyó que los esclavos construyeron las pirámides, pero los arqueólogos han descubierto que en realidad fueron obreros bien alimentados y organizados, muchos de ellos trabajadores profesionales muy respetados.
8. **Los barcos eran como camiones flotantes**
   Los egipcios usaban el río Nilo como una autopista. Construían barcos de madera y papiro para

transportar piedras, comida, animales y personas. ¡El Nilo era la gran autopista del desierto!
9. **Los perfumes venían de Punt**
¿Recuerdas el misterioso país de Punt, al que viajó Hatshepsut? De allí traían incienso, mirra y perfumes exóticos que usaban en rituales y en el día a día. ¡Y olían de maravilla!
10. **¡Aún no hemos descubierto todos sus secretos!**
Muchos templos y tumbas todavía están ocultos bajo la arena del desierto. Los arqueólogos siguen buscando pistas y cada año se hacen nuevos descubrimientos. ¡Tú podrías ser quien encuentre el próximo gran tesoro!

Ahora que has aprendido todas estas cosas increíbles… ¿te atreves a convertirte en un joven arqueólogo y seguir explorando la historia?

MINI GLOSARIO
PARA JÓVENES EXPLORADORES

Aquí encontrarás algunas palabras que hemos usado en las historias y que te ayudarán a entender mejor el increíble mundo del Antiguo Egipto. ¡Prepárate para convertirte en un verdadero experto!

Amón-Ra
El dios más importante del Antiguo Egipto. Era una mezcla de Amón, dios del aire, y Ra, el dios del sol. ¡Una súper fusión divina!

Arquitecto
La persona que diseña los edificios, templos y pirámides. En Egipto, ¡eran tan importantes como los faraones!

Cleopatra
La última faraona de Egipto. Inteligente, valiente y muy astuta. Se enfrentó a Roma usando su inteligencia como mejor arma.

Dioses
Los egipcios creían en muchos dioses, cada uno con

poderes especiales. Algunos tenían forma de animales, como gato, halcón o chacal.

Egipto
Un antiguo país lleno de misterios, pirámides, faraones y momias. Sigue existiendo en la actualidad. Está junto al río Nilo, y fue una de las civilizaciones más importantes de la historia.

Escriba
Un experto en leer y escribir jeroglíficos. Eran muy respetados porque casi nadie más sabía escribir.

Faraón
El rey o reina de Egipto. Se creía que eran como dioses en la Tierra, con poder absoluto para gobernar.

Imhotep
Un genio egipcio que fue arquitecto, médico y sacerdote. Ayudó a construir la primera pirámide para el faraón Zoser.

Jeroglífico
Una forma de escribir usando dibujos. Los egipcios tallaban jeroglíficos en templos, tumbas y papiros.

Kadesh
Una ciudad donde tuvo lugar una famosa batalla entre

egipcios e hititas. ¡Fue una de las más épicas de la historia antigua!

Mastaba
Una tumba antigua, más baja y rectangular, que existía antes de que se construyeran las pirámides. Zoser fue el primero en ir más allá.

Momia
Un cuerpo que ha sido cuidadosamente preservado después de morir. Los egipcios momificaban a sus muertos para prepararlos para la otra vida.

Nilo (río)
El río más importante de Egipto. Gracias a él, los egipcios podían cultivar alimentos y vivir en medio del desierto.

Pirámide
Una enorme construcción con forma de triángulo que servía como tumba para los faraones. ¡Algunas todavía siguen en pie!

Punt
Una tierra misteriosa a la que viajó Hatshepsut. Allí encontraron animales extraños, perfumes y tesoros exóticos.

Ra
El dios del sol, que cruzaba el cielo cada día en su barca. Era uno de los dioses más importantes del Antiguo Egipto.

Ramsés II
Uno de los faraones más famosos. Conquistó tierras, construyó templos enormes y vivió más de 90 años.

Templo
Un lugar sagrado donde los egipcios rezaban a sus dioses, hacían ofrendas y celebraban rituales mágicos.

Tutankamón
El faraón niño. Subió al poder con solo 9 años y restauró los antiguos templos. ¡Su tumba fue encontrada llena de tesoros!

Zoser
Un faraón que quiso construir algo jamás visto… ¡y así nació la primera pirámide escalonada!

LÍNEA DEL TIEMPO DE LOS GRANDES PERSONAJES DEL ANTIGUO EGIPTO INCLUIDOS EN EL LIBRO

Aquí tienes un mapa del tiempo donde podrás ver cuándo vivieron los faraones y exploradores que has conocido en este libro. ¡Así sabrás quién vino antes y cómo se conectan sus historias!

c. 3100 a.C. - Menes (Narmer)
El primer gran unificador de Egipto. ¡Transformó dos tierras rivales en un solo reino!

c. 2650 a.C. - Zoser
Ordenó construir la primera pirámide de piedra con la ayuda de Imhotep.

c. 2580 a.C. - Keops
Creador de la Gran Pirámide de Guiza, una de las maravillas del mundo.

c. 1479 a.C. - Hatshepsut
La mujer que se convirtió en faraón. Exploradora y gran constructora.

c. 1458 a.C. - Tutmosis III
El faraón guerrero. Expansor de imperios y creador de alianzas.

c. 1290 a.C. - Seti I
Guerrero, constructor y padre de Ramsés II.

c. 1279 a.C. - Ramsés II
Faraón legendario. Protagonista de la Batalla de Kadesh y constructor de Abu Simbel.

c. 1332 a.C. - Tutankamón
El joven rey que devolvió a Egipto sus antiguos dioses.

c. 30 a.C. - Cleopatra VII
La última faraona. Se enfrentó a Roma y dejó una historia de amor, poder y tragedia.

1798 d.C. - Napoleón llega a Egipto
Durante su expedición, sus científicos descubren antiguos templos y la misteriosa Piedra de Rosetta.

1822 d.C. - Champollion descifra la Piedra de Rosetta
Por fin se entienden los jeroglíficos egipcios. Se abre la puerta para leer el pasado.

1922 d.C. - Se descubre la tumba de Tutankamón
El arqueólogo Howard Carter encuentra el tesoro más famoso del Antiguo Egipto. Un hallazgo que asombró al mundo.

PREGUNTAS PARA PENSAR O DEBATIR

Después de cada aventura, tómate un momento para reflexionar, imaginar y compartir tus ideas. No hay respuestas buenas o malas. Lo importante es pensar y expresar tu opinión. Puedes escribir tus respuestas, comentarlas con alguien o incluso debatirlas en clase.

Menes: El unificador de Egipto

- ¿Qué crees que fue lo más difícil para Menes: unir los dos reinos o hacer que vivieran en paz?
- Si tú tuvieras que unir a dos grupos que no se llevan bien, ¿cómo lo harías?

Zoser: la construcción de la primera pirámide

- ¿Por qué crees que Zoser quería construir algo tan grande y diferente?
- ¿Te gustaría ser arquitecto como Imhotep? ¿Qué construirías tú?

Keops: la Gran Pirámide de Guiza

- ¿Crees que fue justo que tantos trabajadores dedicaran su vida a construir la pirámide?
- ¿Qué símbolo podrías construir tú para que la gente del futuro recuerde tu época?

Hatshepsut: la reina que se convirtió en faraón

- ¿Qué opinas de que una mujer se haya convertido en faraón en un mundo gobernado por hombres?
- ¿Qué cualidades crees que hacen a alguien un buen líder, sin importar si es hombre o mujer?

Tutmosis III: el faraón guerrero

- ¿Tú qué habrías hecho en su lugar: luchar con fuerza o buscar alianzas primero?
- ¿Crees que es posible conquistar sin usar la violencia? ¿Cómo?

Tutankamón: el rey niño

- ¿Cómo crees que se sintió Tutankamón al tener que gobernar siendo solo un niño?
- Si fueras faraón a los 9 años, ¿qué cambiarías en tu reino?

Seti I: guerrero y restaurador

- ¿Qué te parece más importante: ganar guerras o proteger la historia y la cultura?
- ¿Por qué crees que Seti quería restaurar los templos antiguos?

Ramsés II: el gran constructor

- ¿Te gustaría ser recordado por tus construcciones o por tus batallas? ¿Por qué?
- ¿Crees que es correcto convertir una derrota en una historia de victoria si ayuda a unir al pueblo?

Cleopatra VII: la última faraona de Egipto

- ¿Crees que Cleopatra actuó bien al formar alianzas con Roma para proteger Egipto?
- ¿Qué harías tú si alguien te quitara el poder injustamente? ¿Lucharías, negociarías o huirías?

REFERENCIAS

History.COM Editors. (2023, April 24). *Ancient Egypt*. HISTORY; A&E Television Networks. https://www.history.com/topics/ancient-egypt/ancient-egypt

Makyx, B. (2023, August 24). *The Enigma of King Narmer: The Architect of Ancient Egypt's Unification*. Medium. https://bugmakyx.medium.com/the-enigma-of-king-narmer-the-architect-of-ancient-egypts-unification-db9d89280161

Mark, J. (2016, October 13). *Ancient Egyptian Government*. World History Encyclopedia; World History Publishing. https://www.worldhistory.org/Egyptian_Government/

Wilford, J. N. (2002, April 16). *Carving of a King Could Rewrite History*. The New York Times. https://www.nytimes.com/2002/04/16/science/carving-of-a-king-could-rewrite-history.html

Calvert, A. (2016). *Palette of King Narmer*. Khan Academy. https://www.khanacademy.org/humanities/ap-art-history/ancient-mediterranean-ap/ancient-egypt-ap/a/palette-of-king-narmer

Department Of State. The Office of Electronic Information, B. of P. A. (2004, January 1). *Egypt (03/08)*.

2001-2009.State.gov. https://2001-2009.state.gov/r/pa/ei/bgn/5309.htm

Narmer Palette. (2019, September 16). Egypt Tours Portal. https://www.egypttoursportal.com/en-us/narmer-palette/

Ancient Egypt | Lives and Legacies in the Ancient World Class Notes. (2024). Fiveable.me. https://library.fiveable.me/lives-and-legacies-in-the-ancient-world/unit-3

Bowman, A. K., & Dorman, P. F. (2019, January 16). *ancient Egypt*. Encyclopædia Britannica. https://www.britannica.com/place/ancient-Egypt

Egyptian Pyramids - (Origins of Civilization) - Vocab, Definition, Explanations | Fiveable. (2024). Fiveable.me. https://fiveable.me/key-terms/origins-of-civilization/egyptian-pyramids

The Editors of Encyclopedia Britannica. (2018, August 24). *Pyramid | architecture*. Encyclopædia Britannica. https://www.britannica.com/technology/pyramid-architecture

Model of the Temple of Hatshepsut at Deir el-Bahri. (n.d.). The Metropolitan Museum of Art. https://www.metmuseum.org/about-the-met/collection-areas/egyptian-art/dispatches/2012_139_hatshepsut-model

Mark, J. J. (2011, August 1). *Punt*. World History Encyclopedia. https://www.worldhistory.org/punt/

Tyldesley, J. (2018, March 14). *Hatshepsut | Biogra-*

phy, Reign, & Facts. Encyclopædia Britannica. https://www.britannica.com/biography/Hatshepsut

The Editors of Encyclopedia Britannica. (2015, June 19). *Dayr al-Baḥrī | archaeological site, Egypt*. Encyclopædia Britannica. https://www.britannica.com/place/Dayr-al-Bahri

Odler, M. (2017). *Ancient Egyptian Metallurgy*. Press.rebus.community; The Digital Press @ UND. https://press.rebus.community/historyoftech/chapter/ancient-egyptian-metallurgy/

Pbs. (2022, November 15). *King Tutankhamun: Life, Death, & Family*. Pbs; Pbs. https://www.pbs.org/articles/king-tutankhamun-life-death-family

Teeter, E., & Brewer, D. J. (2002). *Religion in the Lives of the Ancient Egyptians*. Fathom.lib.uchicago.edu. https://fathom.lib.uchicago.edu/1/777777190168/

https://www.facebook.com/martina.boshra.b. (2023, September 9). *The Egyptian Museum: A Treasure Trove Of History | EZ TOUR EGYPT*. EZ TOUR EGYPT. https://eztouregypt.com/the-egyptian-museum/

Abydos. (n.d.). World Monuments Fund. https://www.wmf.org/project/abydos

Battle of Kadesh by Ramses II - Battle of Kadesh facts. (n.d.). Egypt Fun Tours. https://egyptfuntours.com/blog/battle-of-kadesh-by-ramses-ii/

Kerrigan, M. (2017, March 21). *Battle of Kadesh |*

Summary. Encyclopædia Britannica. https://www.britannica.com/event/Battle-of-Kadesh

The Temple of Seti I in Abydos. (2023). ARCE. https://arce.org/temple-seti-i-abydos/

Battle of Kadesh: Clash of the Chariot Armies. (n.d.). Warfare History Network. https://warfarehistorynetwork.com/article/battle-of-kadesh-clash-of-the-chariot-armies/

Kerrigan, M. (2017, March 21). *Battle of Kadesh | Summary*. Encyclopædia Britannica. https://www.britannica.com/event/Battle-of-Kadesh

Singh, P. (2023, October 19). *Ramses II, known as Ramses the Great, stands as one of the most....* Medium. https://medium.com/@soamsila/ramses-ii-known-as-ramses-the-great-stands-as-one-of-the-most-68e651001feb

What you need to know about Egypt's Abu Simbel Temple. (n.d.). Bunnik Tours. https://www.bunniktours.com.au/blog/what-you-need-to-know-about-egypt-s-abu-simbel-temple

Contributor, V. (2021, December 20). *The Alliance between Marcus Antoninus and Cleopatra VII | The Roman Empire*. The Roman Empire. https://roman-empire.net/republic/mark-antony-and-cleopatra-alliance/

Editors, H. com. (2019, October 24). *Mark Antony*. HISTORY. https://www.history.com/topics/ancient-rome/mark-antony

Grant, M., & Badian, E. (n.d.). *Mark Antony - Alliance with Cleopatra*. Encyclopedia Britannica. https://www.britannica.com/biography/Mark-Antony-Roman-triumvir/Alliance-with-Cleopatra

History Extra. (2020, August 21). *Cleopatra, Julius Caesar and Mark Antony: how the last pharaoh's love affairs shaped Ancient Egypt's fate*. HistoryExtra. https://www.historyextra.com/period/ancient-egypt/cleopatra-love-affairs-julius-caesar-mark-antony/

Agai, J. M., & Saragih, M. Y. (2021, July 31). *The Contribution of Napoleon Bonaparte to Egyptology*. Budapest International Research and Critics Institute (BIRCI-Journal): Humanities and Social Sciences. https://doi.org/10.33258/birci.v4i3.2262

Bonaparte in Egypt (2): the scientific expedition. (n.d.). Napoleon.org. https://www.napoleon.org/en/young-historians/napodoc/bonaparte-in-egypt-2-the-scientific-expedition/

Mark, H. W. (n.d.). *Napoleon's Campaign in Egypt and Syria*. World History Encyclopedia. https://www.worldhistory.org/Napoleon%27s_Campaign_in_Egypt_and_Syria/

Napoleon, Egypt and the Birth of Modern Egyptology with Dr. Tara…. (2020, August). The French History Podcast. https://www.thefrenchhistorypodcast.com/napoleon-egypt-and-the-birth-of-modern-egyptology-with-dr-tara-sewell-lasater/

Meier, A. C. (2022, September 26). *Jean-François Champollion Deciphers the Rosetta Stone*. JSTOR Daily. https://daily.jstor.org/jean-francois-champollion-deciphers-the-rosetta-stone/

Scalf, F. (2023). *The Rosetta Stone: Unlocking the Ancient Egyptian Language*. ARCE. https://arce.org/resource/rosetta-stone-unlocking-ancient-egyptian-language/

Solly, M. (2022, September 27). *Two Hundred Years Ago, the Rosetta Stone Unlocked the Secrets of Ancient Egypt*. Smithsonian Magazine. https://www.smithsonianmag.com/history/rosetta-stone-hieroglyphs-champollion-decipherment-egypt-180980834/

The British Museum. (2017, July 14). *Everything you ever wanted to know about the Rosetta Stone*. The British Museum. https://www.britishmuseum.org/blog/everything-you-ever-wanted-know-about-rosetta-stone

Beyond King Tut: An Educational Companion | National Geographic Society. (n.d.). Education.nationalgeographic.org. https://education.nationalgeographic.org/resource/beyond-king-tut/

Mason, E. (2018, July 24). *8 things you (probably) didn't know about Tutankhamun*. History Extra; History Extra. https://www.historyextra.com/period/ancient-egypt/8-things-you-probably-didnt-know-about-tutankhamun/

Wilkinson, T. (2022, December 8). *What King Tut's treasures reveal about daily life in ancient Egypt | Aeon Essays*. Aeon. https://aeon.co/essays/what-king-tuts-treasures-reveal-about-daily-life-in-ancient-egypt

CLEOPATRA: LA ULTIMA GRAN REINA DE EGIPTO

CRISTOBAL COLON Y EL VIAJE QUE CAMBIO EL MUNDO

www.ingramcontent.com/pod-product-compliance
Lightning Source LLC
LaVergne TN
LVHW051951060526
838201LV00059B/3593